本書獲二〇二三年貴州省出版傳媒事業發展專項資金資助
本書獲貴州省孔學堂發展基金會資助

本書據日本國立公文館藏日本正德二年刻本影印

【陽明文庫】古籍整理系列

標注傳習録

·上册·

【〔明〕王守仁 著 〔日〕三輪執齋 標注】

孔學堂書局

本書獲二〇二三年貴州省出版傳媒事業發展專項資金資助
本書獲貴州省孔學堂發展基金會資助
本書據日本國立公文館藏日本正德二年刻本影印

圖書在版編目（CIP）數據

標注傳習録 / (明) 王守仁著 ; (日) 三輪執齋標注
. — 貴陽 : 孔學堂書局, 2024.4
（陽明文庫. 古籍整理系列）
ISBN 978-7-80770-479-9

Ⅰ. ①標… Ⅱ. ①王… ②三… Ⅲ. ①心學—中國—
明代②《傳習録》—注釋 Ⅳ. ①B248.22

中國國家版本館CIP數據核字(2024)第021802號

阳明文庫（古籍整理系列）

標注傳習録 〔明〕王守仁 著 〔日〕三輪執齋 標注
BIAOZHU CHUANXILU

策　　劃：蘇　樺
執　　行：張發賢
責任編輯：陳　真　徐　梅
書籍設計：曹瓊德
責任印製：張　瑩

出版發行：孔學堂書局
地　　址：貴陽市烏當區大坡路27號
印　　刷：雅昌文化（集團）有限公司
開　　本：889mm × 1194mm 1/16
印　　張：43.25
版　　次：2024年4月第1版
印　　次：2024年4月第1次
書　　號：ISBN 978-7-80770-479-9
定　　價：228.00元（全二册）

陽明文庫

編輯出版委員會

主　任　盧雍政
副主任　謝　念　耿　傑
委　員（按姓氏筆畫排序）
王大鳴　代　樂　朱光洪　李　筑　夏　虹
蔡光輝　鄧國超　戴建偉　謝丹華　蘇　樺
辦公室主任　耿　傑
辦公室副主任　鄧國超　李　筑　蘇　樺

學術委員會（按姓氏筆畫排序）

顧　問　安樂哲　杜維明　陳　來　陳祖武
主　任　郭齊勇
副主任　顧　久
委　員　丁爲祥　干春松　朱　承　李承貴　肖立斌
吴　光　吴　震　何　俊　姚新中　索曉霞
徐　圻　陸永勝　陳立勝　張新民　張學智
董　平　温海明　楊國榮　趙平略　蔣國保
歐陽禎人　劉金才　錢　明

三輪執齋《標注傳習録》序

一、三輪執齋其人及其王學業績

三輪執齋（一六六九至一七四四），日本江户時代京都人，因祖先乃大和國三輪神社司祝而稱姓三輪，名爲希賢，字善藏，號執齋、躬耕廬，是日本近世中葉具有代表性的著名陽明學者，被譽爲日本陽明學『中興之祖』。

執齋出身於京都町醫家庭，六歲喪母，十四歲喪父，先後被收養、過繼於大村氏和真野氏。町醫出身和年少多舛，促使執齋十七歲時就矢志成爲醫者或儒者，立命於世，十八歲東下江户求學。因學醫一年未果，遂拜入時稱『崎門三杰』[一]之一的上野厩橋藩名儒佐藤直方（一六五〇至一七一九）門下學儒。執齋師從佐藤直方苦學三年，便學問大進，於二十一歲時被委以京屋敷場講習之職，並一直在此研修、講習儒學長達十年之久。

其時德川幕府奉朱子學爲官學，視陽明學爲反正統、反朱子學之末學，日本陽明學著名主事功派代表熊澤蕃山（一六一九至一六九一）即因上書議論時政而被幕府幽禁，最終冤死獄中。執齋的恩師佐藤直方也是位極力主張純朱子學的學者，與陽明心學水火不容，專門著《王子論談》一書批判陽明學。三輪執齋正是在聆聽其師對陽明學的批判中了解了陽明心學，不僅對其中的良知之説深有體會，同時也對朱子學産生了諸多疑問。於是他雖在直方門下却開始關注陽明心學，並努力從日本陽明學始祖中江藤樹（一六〇八至一六四八）的遺書中尋覓進入王學之道，逐漸向陽明學傾倒，於日本元禄十年（一六九七）二十九歲時明確摒弃朱子學而轉向陽明心學。直方對此大爲惱火，宣告與其斷絶師生情誼，這迫使執齋不得不離开一生敬重的恩師，回到王學較受歡迎的京都。

執齋回京都任教於丹波筱山藩主松平信庸家，開始潛心研讀《傳習録》，將前十年所學儒家之精華與研讀《傳習録》的内化感悟相融通，於元禄十四年（一七〇一）三十三歲時著成了其轉向陽明學後的第一部著作《日用心法》。該書通俗易懂地闡釋了陽明心學的主旨大意，闡明了『執心』爲『日用行儀』之功夫及其對於世人修身養心、致知明德的積極作用。此後數年，執齋輾轉京都各地宣講陽明學，並受邀赴近江藤樹書院、有『外朱内王』之稱的大阪懷德堂等處開設講座。日本正德元年（一七一一）八月，執齋四十三歲，接受京都筱山侯委托開始校勘《傳習録》，於翌年（一七一二）九月三十日完成校注，將書名定爲《標注傳習録》，從而爲將陽明心學精髓注入整個德

[一] 江户初期神儒學大家山崎暗齋門下有弟子約六千人，其中最著名的是淺見絅齋、三宅尚齋和佐藤直方三人，被稱爲『崎門三杰』。

川社會思想界立下大功。

日本享保元年（一七一六）七月，執齋離開京都，重返朱子學大本營江户，頂着官學的輿論壓力，堅持致力於研究、倡導和傳播王學。經十年鍥而不捨的努力，執齋終於在享保十一年（一七二六）五十八歲時，創立了私塾『明倫堂』。翌年（一七二七）著書《四言教講義》，對涵蓋王陽明大半生學術思想精華的『四句教』進行了全面深入的解析和闡發，將其定位爲『人人皆可受用之心法之大成，是體現《大學》修身之功夫、教示世人繼往聖之絶學而使其道代代相承之道統要文』（《四言教講義・前言》），這是執齋陽明學達至鼎盛之標志。享保末年，執齋哮喘病復發，再次返回京都。明倫堂也因其繼任弟子川田雄琴轉任，故移至與中江藤樹頗有淵源的伊予大洲藩。日本寬保四年（一七四四），三輪執齋病逝，享年七十六歲。後世爲褒獎執齋之人品才學，於日本大正十三年（一九二四）一月二十六日，追授其正五品爵位。

三輪執齋執心於王學，其王學之路和成就，可説肇始於研讀《傳習録》，初成於《日用心法》，中成於注著《標注傳習録》，終成於《四言教講義》。其著作除前述三者外，亦有大量完成時間無定説的著作。主要有：《執齋雜著》四卷、《大學俗解》二卷、《孝經小解》四卷、《周易進講手記》六卷、《堯典和釋》二卷、《執齋歌集》一卷、《祭薦卷》一卷、《訓蒙大意和解》一卷、《神道臆説》一卷、《傳習録筆記》一部、《陽明學名義》二卷、《社倉大意》一卷、《古本大學校正本》一卷、《古本大學和解》一部、《正亨問答》一部、《拔本塞源論抄》一卷、《執齋遺稿》一卷（寫本）、《家乘》一卷（寫本）。如此豐碩的著述，對陽明學在日本廣泛傳播以及促進日本陽明學不斷發展，産生了不可小覷的影響和作用。其被後世稱爲日本陽明學『中興之祖』，可謂名副其實。

二、《標注傳習録》注著的時代語境和目的指嚮

三輪執齋生活在江户時代（一六〇三至一八六七）中期，經歷了德川幕府社會價值倫理發生劇烈變化的元禄文化時代[一]和『享保改革』時期（一七一六至一七四五）。前者以經濟文化實力空前壯大的新興町人（商工）階級爲主體，這一階級不再甘於被置於四民之末的社會地位，掀起了肯定人性、人情和追求四民平等，否定幕府『武尊町卑』和『義理本位』價值倫理的社會思潮；而後者則是以江户幕府第八代將軍德川吉宗推行的『幕政改革』爲主導，嚴格管控町人營利和打壓町人倫理價值思想，强化士農工商等級身份制和意識形態管

[一] 於一六八八至一七〇七元禄年間的前後三十多年間，以新興町人特别是京阪商人爲主體展開的以重人性、合理性爲精神特質的町人文化時代。

制，大力推行主張『義理本位』的朱子學教化政策，使『喻義理者爲士，喻利欲者爲町人』之類的賤商倫理占領了道德高地。也正是在此時代語境下，朱子學成爲代表武士階層『武尊町卑』『義理本位』價值倫理的官學，而陽明學則成爲代表中下階層『四民平等』『情心本位』（心本情主）價值倫理的『在野之學』。

町人（町醫）出身的三輪執齋，正是在元禄文化高潮時期摒弃朱子學而轉向陽明心學，撰著、出版了《日用心法》，强調『執心』爲『日用行儀』之功夫，爲町民『情心本位』價值倫理張目。也正是在察覺到『享保改革』風暴即將來臨後，他以二十四年所積漢學、儒學之學識，十五年研習王學之功力，對代表陽明心學精髓的《傳習録》進行校勘、標注文本和添加注釋。經一年又兩個月（一七一一年八月初至一七一二年九月三十日）嘔心瀝血，夜以繼日地校勘、注釋，終於在王陽明誕辰壬辰九月三十日[一]之際，成功完成了《標注傳習録》。

《標注傳習録》注著的具體緣由和目的，執齋在後記《新刻傳習録成告王先生文》中有明確表述，概而言之，可歸爲四點：其一，昭告王文成公『道無古今，心無彼我』説，恭維『先生得心傳於同然，指聖功於良知，德業輝於當世，餘訓流於萬邦』；其二，叨奉景仰陽明其德、篤信其學的京尹筱山源君之命固辭不得；其三，奮力於陽明誕辰之際完成，向陽明先生致敬；其四，希望陽明『先生之道大明乎天下，至治之澤遍蒙乎生民』。

三、《標注傳習録》的主要特色與貢獻

《傳習録》是反映王陽明思想的代表作，包含了陽明的哲學體系和心學思想精髓。《傳習録》在明代就有諸多版本，其通行本何時傳入日本，至今尚無定説。但根據最早於日本慶安三年（一六五〇）刊行的復刻版《傳習録》[二]是以一六〇二年刊行的楊嘉猷刻本作爲祖本來判斷，《傳習録》通行本傳入日本的時間，應該是在一六〇二年以後。楊嘉猷日刻版的《傳習録》刊行後，雖然占據了通行本地位，但因其無任何注釋，致使讀者受限，故並未得以广泛傳播。直至正德二年（一七一二），三輪執齋的《標注傳習録》由岡田群玉堂刊行後，

[一] 王陽明出生於成化八年（一四七二）壬辰九月三十日，執齋的《標注傳習録》也完成於同一日，干支也正好相同，正德二年（一七一二）壬辰九月三十日。

[二] 根據中江藤樹門下之子孫所傳的《傳習録》有『慶安參仲秋風月宗知刊行』的字樣所斷定。

《傳習録》纔開始成爲大受讀者歡迎的暢銷書而广傳日本[一]。

三輪執齋的《標注傳習録》是世界上第一部標注和注釋《傳習録》的著作，也是首本在中國之外出版的《傳習録》。其主要有如下幾個特色：

其一，《標注傳習録》雖基本上是以楊嘉猷本爲祖本，但執齋按自己的認知對其進行了部分删減。删減内容之一，是卷上的『楊荆山小引』『焦瑯琊序』『張可大、許有聲跋』，因執齋認爲凡此未必得於『緒山原本』，且『於本文無所繫』，故删去以『爲讀者省其煩』；删減内容之二，是卷中的《詠學詩》，因執齋認爲楊氏收録《詠學詩》所寫之序，具有討好朱子學徒、批評『陽明學是禪』之傾向，有違陽明之本意。

其二，增録了《王陽明全書》所載之《傳習録》及通行之印本皆未收録的《示弟立志説》，增補了曾才漢所録，緒山序之的『補遺二十八條』。前者增録的《示弟立志説》，既顯示了執齋對陽明『立志説』情有獨鍾，更體現了其以此教導庶民打破尊卑觀念，相信衹要『心存立志』便可『成聖成賢』之苦心；而後者的『補遺』，則是爲《傳習録》拾遺補缺，更全面地展示《傳習録》所應涵蓋之内容範圍。

其三，該書對包括增録和補遺的《傳習録》全文，按和漢文的點逗方法標示了『句讀標點』；對文中『引經據典』的原典出處，各學説的淵源、語境和内涵，日本讀者感到陌生的典故、歷史事件、名宿人物及其别號，難解的專用術語或生僻詞語，以及關乎識解王學本義的概念性詞語等，均添加了詳細、嚴謹、明晰而切中原文本義的注釋，甚至對於必要之處，還與《王陽明年譜》相印證並進行了注解，極有利於讀者讀懂和準確理解《傳習録》，識解和把握陽明學的精髓。

其四，該書别具匠心地收録了《朱子晚年定論》和《朱子晚年定論序》，意在以此曉之日本反陽明學者王門之學『與朱子無相繆戾』，批評其時『徒守朱子中年未定之説，而不復知求其晚歲既悟之論』的『朱門末流』之弊，從而爲被日本朱子學壓抑的王學正名。

其五，該書將被王門弟子稱爲『師門之教典』的《大學問》置於附録篇首，並將《大學古本序》附於該篇之前，意在使《傳習録》之讀者了解王學『致知説』與《大學》『誠意説』之聯繫，明白『致知』纔是《大學》諸工夫之根本。《大學問》是『學者初及門，必先以此意授』之要典，欲讀解《傳習録》，必須參讀《大學問》。這一附録對於讀者更好地讀懂和識解《傳習録》的核心思想大有裨益。

[一] 吉田公平：《文庫版序文》，《伝習録：「陽明学」の真髄》，たちばな出版社一九九五年版，第一頁。

其六，該書附録收入了《王文成公年譜節略》，並在全書『前言』中申明了其目的『謹案先生之德之業，表著於天下，顯明於萬世，而與日月同懸……是以當世之人得徧觀而盡識之，則其教誨論説莫不聽而化之』；『使凡讀此録者，皆先觀先生之德業與日月同懸者，而知其教誨論説爲孔孟之正宗，以無疑於格物致知之功、知行合一之實』。[二]這對於廣宣王陽明之德、業、學，使《傳習録》讀者相信陽明學乃孔孟之正宗，正確認識陽明學『格物致知之功、知行合一之實』，可謂意義非凡。

綜觀日本陽明學發展史可知，正是上述的《標注傳習録》刊行後，陽明學纔開始在日廣泛傳播。刊行二十年後，它不僅促生了日本心學——『石門心學』[三]，而且使陽明心學得以運用於町人倫理建構實踐。發展至江户時代後期，連任官學昌平黌教授的儒學界泰斗佐藤一齋（一七七二至一八五九），也由專崇朱子學而轉向『朱王調和』，出版了日本第二部影響很大的《傳習録》相关著作——《傳習録欄外書》（一八三〇）。从此，《傳習録》在日本幾乎成了陽明學的代名詞，無論幕末的陽明學者和維新志士，抑或近代陽明學復興運動中的各界學者精英，皆奉《傳習録》爲聖典，各種編注、闡釋、注解或日譯的《傳習録》紛紛出版，爲陽明學在日本廣泛、深入地傳播起了重要作用。毋庸置疑，執齋其後的日版《傳習録》，大多借鑒或參考了《標注傳習録》，故可毫不誇張地説，執齋及《標注傳習録》，對於陽明學在日本的傳播和普及居功至偉。

劉金才[三]

二〇二三年十一月於貴陽孔學堂

[一] 參見日本正德二年壬辰九月三輪希賢撰《傳習録目録》（光明日報出版社二〇一四年出版，吴志遠、李小希譯《標注傳習録》版本稱之爲《改版前言》）。

[二] 町人思想家石田梅岩（一六八五至一七四四）創立的心學。其小執齋十七歲，同樣生活在京都，於《標注傳習録》刊行二十七年後，出版了其心學著作《都鄙問答》。該書吸收、發展了陽明的『吾性自足，不假外求』『萬物一體之仁』『四民異業而同道』等思想，提出了以『四民職分平等論』『商人商業有用論』『營利正當論』『正直營利論』等爲核心的町人道，其後學繼之，興起了心學運動。

[三] 劉金才，北京大學外國語學院教授、博士生導師。

目録

傳習錄目錄

上卷

案通行刻本有楊荊山小引焦瑯琊序張可大許有聲跋並述刊行重刻之由而於本文無所繫焉若楊氏雖曰得緒山原本未見其必然也故今皆不載然數子之有功於此書固不爲尠則非忍棄之但爲讀者省其煩耳通本具在就而求之可也

合二一百二十九條一。等二平謂門人薛侃得二徐愛所遺傳習錄

一卷序二一篇一。與二陸澄各錄二一卷一。刻二於虔一是也

中卷

答二人論學一書　通本作二答顧東橋

答二周道通一書　通本作二啓問道通

答二陸原靜一書

又

答二歐陽崇一一書

答二羅整菴少宰一書

答二聶文蔚一書

又

以上八篇本南元善錄爲傳習錄下卷者而緒山因加損之詳見小序今據一本合下二篇以爲中卷

示弟立志說　全書所載之傳習錄及今通行之印本俱無此條今從一本增之

訓蒙大意　附教約

以上二篇一本連前八篇爲南元善錄然而緒山所抄後人所益未可知也楊氏序曰益以先生所嘗詠學詩與誨語之切要者所謂切要者指詠學詩後所載示徐曰仁應試及諭俗四條與客坐私祝共三篇耳而此二篇亦其所

益乎亦未可知也俟異日得原本○或曰二篇當移之附
卷下亦以爲然而以印刻既成不及改之

下卷

陳九川所輯凡一百一十五條　其二十一條所自手記十五條黄以方所錄十一條黄修易所錄六十八條黄省曾所錄合若干條九川輯爲緒山所謂續錄者也案要書省曾錄中分何廷仁條以下五十一條以爲緒山所錄其以他友皆字緒山獨名也理或然也然此錄考定成於緒山之手則其自改之亦不可知也其餘文字條數有小異同○今亦據一本合下二篇以爲下卷

補遺二十八條曾才漢所録緒山序之序文通本載在編尾

今從一本移之編首

晚年定論　朱子書凡三十四通吳子語一條先生序爲袁

慶麟跋爲一本不載此篇今據緒山小引從通本

附卷

大學問　是師門之教典緒山受而録之有序及跋此篇本

出續集今取以爲附卷之首　大學古本序出文録今亦取而附之於篇端

示徐曰仁應試

諭俗四條

客坐私祝

以上三篇荊山既增刻焉今從之但詠學詩一卷則似不得抄出之旨故今不取也其欲覽之者求之通本可也

畧年譜　謹案先生之德之業表著於天下顯明於萬世而與日月同懸者固既昭照矣是以當世之人得徧觀而盡識之則其敎誨論説莫不聽而化之也今也世遠地隔不復有觀感而興起則其纔見遺言於傳習文錄之間者或主先入或狃勝心不能專心平意以從事於先生之訓矣亦可哀也已今欲觀其德業於千里數百年之外則緒山之年譜久菴之行狀及明史所載以至諸子之雜錄歷歷可見矣皇明獻徵錄皇明從信錄吾學編名賢集之類不勝枚舉如皇明通紀雖譏先生爲異端而於其德

業又不能敢置齒牙於其間則所謂與日月同懸者固非過譽可知矣而予每恨我邦未有梓行之者不及人見而徧知之矣而其最明白者不若年譜繫日月紀事實之審詳也故李卓吾文選陳龍正要書凡必擇諸是也而尚未能精故今別畧出而附刻之使凡讀此錄者皆先觀先生之德業與日月同懸者而知其教誨論說爲孔孟之正宗以無疑於格物致知之功知行合一之實云爾

日本正德二年壬辰九月盡　平安三輪希賢善藏誌

論語學而曾子曰傳不習乎朱子集注曰傳謂受之於師習謂熟之己

題下舊本有門人徐愛錄五字者非題序之法且據序尾有徐愛序字今刊去之蓋由全書輯記旧序數篇而各書某撰誤耳

陽明先生傳與諸詳也今附錄之明第九主憲宗純帝成化八年生當我　人皇百四代後土御門文明四年○明世宗肅帝嘉靖七年卒當我　人皇百六代後奈良院亨祿元年至正德二年壬辰得一百八十五年○皇明通紀為嘉靖八年五十八歲卒者誤　聖賢像贊七十亦誤陽明全書有傳習錄文錄別錄外集續編年譜世德紀總計三十八卷

傳習錄序

門人有私錄陽明先生之言者先生聞之謂之曰聖賢教人如醫用藥皆因病立方酌其虛實溫涼陰陽內外而時時加減之要在去病初無定說若拘執一方鮮不殺人矣今某與諸君不過各就偏蔽箴切砥礪但能改化即吾言已爲贅疣若遂守爲成訓他日誤己誤人某之罪過可復追贖乎愛既備錄先生

論語陽貨子曰予欲無言子貢曰子如不言則小子何述焉子曰天何言哉四時行焉百物生焉天何言哉註子貢正以言語觀聖人者故疑而問之○爲政子曰吾與回言終日不違如愚注默識心通觸處洞然

之教同門之友有以是相規者愛因謂之曰如子之言卽又拘執一方復失先生之意矣孔子謂子貢嘗曰予欲無言他日則曰吾與回言終日又何言之不一邪蓋子貢專求聖人於言語之間故孔子以無言警之使之實體諸心以求自得顏子於孔子之言默識心通無不在己故與之言終日若決江河而之海也故孔子於子貢之無言不爲少於顏子

之綴日言不爲多各當其可而已今備錄先生之語固非先生之所欲使吾儕常在先生之門亦何事於此惟或有時而去御同門之友又皆離羣索居當是之時儀刑既遠而規切無聞如愛之篤非得先生之言時時對越警發之其不摧墮靡廢者幾希矣吾儕於先生之言苟徒入耳出口不體諸身則愛之錄此實先生之罪人矣使能得之言意之表

離羣索居　出禮記檀弓注索散也○詩大雅文王篇曰儀刑文王注　儀象刑法

對越　詩經清廟對越在天　注越於也

入乎耳　荀子勸學篇曰小人之學也入乎耳出乎口口耳之間則四寸耳曷足以美七尺之軀哉

而誠諸踐履之實則斯錄也固先生終日言之

之之心也可少乎哉錄成因復識此於首篇

以告同志門人徐愛序

此於首篇　首篇疑篇首誤

徐愛字曰仁餘姚人文成王公之妹壻也性最警敏聞言即悟又善發其旨時四方同志雲集文成公至不能答每令愛分接之咸得所欲而去竟以疾終年三十有一實王門顏子也詳出兩浙名賢集

案年譜正德十三年八月門人薛侃得徐愛所遺傳習錄一卷序二篇與陸澄各錄一卷刻于虔是年愛卒先生哭之慟愛及門獨先聞道亦早○祭曰仁文二見文錄

舊本大學　出禮記第四十二卷鄭玄注之至宋二程及朱子並有改定而親民字明道先生從舊本伊川始改新字朱子從之陽明先生嘗著大學旁訓今不傳其大學問一篇載之續集今抄出之附卷

參伍　易係辭本義曰參者三數之也伍者五數之也既參以變又伍以變一先一後更相考覈以審其多寡之實也錯者交而互之一左一右之謂也綜者總而挈之一低一昂之謂也

邊幅　漢馬援傳曰修飾邊幅注謂若布帛修飾其邊幅

少時一事見行狀及年譜○文録第四別湛甘泉序曰某幼不問學陷溺邪僻者二十年而始究心於老釋賴天之靈因有所覺而始乃沿周程之說求之而若有得焉○晚年定論序亦言之

傳習錄卷之上

先生於大學格物諸說悉以舊本爲正蓋先儒所謂誤本者也愛始聞而駭既而疑已而殫精竭思參互錯綜以質於先生然後知先生之說若水之寒若火之熱斷斷乎百世以俟聖人而不惑者也先生明睿天授然和樂坦易不事邊幅人見其少時豪邁不羈又嘗泛濫於

居夷三載　年譜武宗正德元年先生三十五歲上封事下詔獄謫龍場驛丞三年三十七歲至龍場驛至五年三十九歲陞廬陵知縣共三年也事並散在文録中

精一之功　謂書經惟精惟一之功太字義詳於録中

超入聖域　案中庸章句鄭氏曰聖人能知聖人然則聖人其竟不可以知之乎孟子曰聖人百世之師也伯夷柳下惠是也奮乎百世之上百世之下聞者莫不興起非聖人而能若是乎而況親炙之乎徐氏是言其亦有所親炙而興起者與

十余年來　案年譜正德二年先生三十六歲因疏赴龍場愛納贄北面奮然有志于學十二年先生四十七歲徐氏卒是中間十有二年也○謦欬　字彙謦欬之聲輕曰謦重曰欬

詞章出入二氏之學驟聞是說皆目以爲立異好奇漫不省究不知先生居夷三載處困養靜精一之功固已超入聖域粹然大中至正之歸矣愛朝夕炙門下但見先生之道卽之若易而仰之愈高見之若粗而探之愈精就之若近而造之愈益無窮十餘年來竟未能窺其藩籬世之君子或與先生僅交一面或

猶未聞其謦欬或先懷忽易憤激之心而遽欲於立談之間傳聞之說臆斷懸度如之何其可得也從遊之士聞先生之教往往得一而遺二見其牝牡驪黃而棄其所謂千里者故愛備錄平日之所聞私以示夫同志相與考正之庶無負先生之教云門人徐愛書

愛問在親民朱子謂當作新民後章作新民

親民　伊川先生曰親當作新而朱子從之或問曰親民云者

以文義推之則無理然明道既從古本何必無理也而孔孟論治平之道無非親之之事而其引證亦不一而足今舉其一二明白者明之○易比大象云先王以建萬國親諸侯○周禮大宗伯以賓禮親邦國○樂記曰合父子君臣附親万民○朱子之徒亦有言之者書五子之歌民可近不可下蔡沈注曰以其親謂之近以其疎故謂之下言可親而不可疎也

之文似亦有據先生以爲宜從舊本作親民亦有所據不先生曰作新民之新是自新之民與在新民之新不同此豈足爲據作字卻與親字相對然非新字義下面治國平天下處皆於新字無發明如云君子賢其賢而親其親小人樂其樂而利其利如保赤子民之所好好之民之所惡惡之此之謂民之父母之類皆是親字意親民

猶孟子親親仁民之謂親之即仁之也百姓不親舜使契爲司徒敬敷五教所以親之也堯典克明峻德便是明明德以親九族至平章協和便是親民便是明明德於天下又如孔子言修己以安百姓修己便是明明德安百姓便是親民說親民便是兼教養意說新民便覺偏了

愛問知止而后有定朱子以爲事事物物皆

孟子盡心上曰君子之於物也愛之而弗仁於民也仁之而弗親親親而仁民仁民而愛物

書舜典帝曰契百姓不親五品不遜汝作司徒敬敷五教在寬

堯典曰克明俊德以親九族九族既睦平章百姓百姓昭明協和万邦黎民於變時雍

論語憲問篇子路問君子子曰脩己以敬曰如斯而已乎曰脩己以安人曰如斯而已乎曰脩己以安百姓脩己以安百姓堯舜其猶病諸

朱子大學章句曰志有定向

○或問曰能知所止則方寸之

間事々物々皆有定理○朱子語類第十四子升問章句或問語似不同也朱子曰只一般

義外　孟子告子上告子曰義外也非內也

盡夫天理之極云云　此句出朱子章句

心卽理也天下又有心外之事心外之理乎是等言皆陸象山語

孝的的俗語辭底同通訓何等亦似者字

有定理似與先生之說相戾先生曰於事事物物上求至善卻是義外也至善是心之本體只是明明德到至精至一處便是然亦未嘗離卻事物本註所謂盡夫天理之極而無一毫人欲之私者得之

愛問至善只求諸心恐於天下事理有不能盡先生曰心卽理也天下又有心外之事心外之理乎愛曰如事父之孝事君之忠

文錄第五書諸陽卷曰妻姪諸陽伯復請學既告之以格物致知之說矣他日復請曰致知者致吾心之良知也是既聞教矣然天下事物之理無窮果惟致吾良知而可盡乎抑尚有所求於其外也乎復告之曰心之体性也性即理也天下寧有心外之性寧有心外之理乎寧有理外之心乎外心以求理是告子義外之說也理也者心之條理也是理也發之於親則為孝發之於君則為忠發之於朋友則為信千變万化至不可窮竭而莫非發於吾之一心故謂端莊靜一為養心而以學問思弁為窮理者析心與理而為二矣若吾說則端莊靜一亦所以窮理而學問思弁亦所以養心非謂養心之時無有所謂理而窮理之時無有所謂心也此古人之學所以知行並進而收合一之功後世之學所以分知行為先後而不免於支離之病者也然則朱子所謂如何而為溫凊之節如何而為奉養之宜者非致知之功乎曰是所謂知矣而

交友之信治民之仁其間有許多理在恐亦不可不察先生嘆曰此說之蔽久矣豈一語所能悟今姑就所問者言之且如事父不成去父上求箇孝的理事君不成去君上求箇忠的理交友治民不成去友上民上求箇信與仁的理都只在此心心即理也此心無私欲之蔽即是天理不須外面添一分以此純乎天理之心發之事父

未可以為致知也知其如何而為溫凊之節則必實致其溫凊之功而後吾之知始至知其如何而為奉養之宜則必實致其奉養之力而後吾之知始至如是乃可以為致知耳若但空然知之為如何溫凊奉養而遂謂之致知則孰非致知者耶易曰知至至之知至者知也至之者致知也此孔門不易之教百世以俟聖人而不惑者也

溫凊定省　禮記曲禮曰凡為人子之禮冬溫而夏凊昏定而朝省

如何不講求　下文載問聖人應變不窮莫亦是預先講求否先生曰如何講求得許多云云又問名物度數亦須先講求否先生曰人只要成就自家心体則用在其中云云以上兩說若與此所論共但以求理於事物之間為講求者外求者也故曰如何講求許多如所謂有頭腦就此心去人欲存天理上講求者即是克己之功而博文約禮之實也故曰如何不講求是各有所指所謂因病藥所

便是孝發之事君便是忠發之交友治民便是信與仁只在此心去人欲存天理上用功便是愛曰聞先生如此說愛已覺有省悟處但舊說纏於胸中尚有未脫然者如事父一事其間溫凊定省之類有許多節目不知亦須講求否先生曰如何不講求只是有箇頭腦只是就此心去人欲存天理上講求就如講求冬溫也只是要盡

小ヒ同也

此心之孝恐怕有一毫人欲間雜講求夏凊也只是要盡此心之孝恐怕有一毫人欲間雜只是講求得此心此心若無人欲純是天理是箇誠於孝親的心冬時自然思量父母的寒便自要去求箇溫的道理夏時自然思量父母的熱便自要去求箇凊的道理這都是那誠孝的心發出來的條件卻是須有這誠孝的心然後有這條

禮記語出祭義篇

件發出來譬之樹木這誠孝的心便是根許多條件便是枝葉須先有根然後有枝葉不是先尋了枝葉然後去種根禮記言孝子之有深愛者必有和氣有和氣者必有愉色有愉色者必有婉容須是有箇深愛做根便自然如此

鄭朝朔問至善亦須有從事物上求者先生曰至善只是此心純乎天理之極便是更

怎生 字彙怎音津俗語辭猶何也小學章句曰甚生猶怎生洛中語也

如事親 大學或問程子曰如欲為孝則當知所以為孝之道如何而為奉養之宜如何而為溫凊之節莫不窮究然後能之非獨守孝之一字而可得也

學問 — 中庸云博學之審問之慎思之明辨之篤行之

於事物上怎生求且試說幾件看朝朔曰且如事親如何而為溫凊之節如何而為奉養之宜須求箇是當方是至善所以有學問思辨之功先生曰若只是溫凊之節奉養之宜可一日二日講之而盡用得甚學問思辨惟於溫凊時也只要此心純乎天理之極奉養時也只要此心純乎天理之極此則非有學問思辨之功將不免於

毫釐ノ一易緯曰差以毫釐繆以千里

精一ノ一書大禹謨舜告禹曰惟精惟一允執厥中

扮　字彙逋患切班去聲打扮

注扮○正字通俗以裝飾為打扮演劇者飾其面謂之扮戲

○朱文公錯會格物之訓以知先行後為學術朱子文集答吳晦叔書詳之

○案年譜先生三十八歲始論知行合一席元山書提督學政問朱陸同異之辨先生不語朱陸之學而告之以其所悟書懷疑而去明日復来舉知行本体證之五經諸子漸有省往復數四豁然大悟謂聖人之學復覩於今日朱陸異同各有得失無事辨詰求之吾性本自明也遂與毛憲副修葺書院身率貴陽書生以所事師禮事之

○宗賢惟一黄宗賢顧惟賢並王子門人

毫釐千里之繆所以雖在聖人猶加精一之訓若只是那些儀節求得是當便謂至善即如今扮戲子扮得許多溫凊奉養的儀節是當亦可謂之至善矣愛於是日又有省

愛因未會先生知行合一之訓與宗賢惟賢往復辨論未能決以問於先生先生曰試舉看愛曰如今人儘有知得父當孝兄當

字彙你汝也恁音賃如此也

弟者卻不能孝不能弟便是知與行分明是兩件先生曰此已被私欲隔斷不是知行的本體了未有知而不行者知而不行只是未知聖賢教人知行正是要復那本體不是着你只恁的便罷故大學指箇眞知行與人看說如好好色如惡惡臭見好色屬知好好色屬行只見那好色時已自好了不是見了後又立箇心去好聞惡臭

屬知惡惡臭屬行只聞那惡臭時已自惡
了不是聞了後別立箇心去惡如鼻塞人
雖見惡臭在前鼻中不曾聞得便亦不甚
惡亦只是不曾知臭就如稱某人知孝某
人知弟必是其人已曾行孝行弟方可稱
他知孝知弟不成只是曉得說些孝弟的
話便可稱爲知孝弟又如知痛必已自痛
了方知痛知寒必已自寒了知饑必已自

緊　字彙音謹急也　續韻堅盧也

甚麼　祖庭事苑曰甚麼問辭也

立言宗旨　下卷十四版曰問知行合一先生曰此須識我立言宗旨今人學問只因知行分作兩件故有一念發動雖是不善然却未曾行便不去禁止我今說箇知行合一正要人曉得一念發動處便即是行了發動處

饑了知行如何分得開此便是知行的本體不曾有私意隔斷的聖人教人必要是如此方可謂之知不然只是不曾知此卻是何等緊切着實的工夫如今苦苦定要說知行做兩箇是甚麼意某要說做一箇是甚麼意若不知立言宗旨只管說一箇兩箇亦有甚用愛曰古人說知行做兩箇亦是要人見箇分曉一行做知的功夫一

有不善就將這不善的念克倒了須要徹根徹底不使那一念不善潛伏在胸中此我立言宗旨○又六十八版曰諸君要識我立言宗旨云云可參考

懵　字彙懵懂心亂貌

說箇知　據上下之文當作一箇知

行做行的功夫即功夫始有下落先生曰此卻失了古人宗旨也某嘗說知是行的主意行是知的功夫知是行之始行是知之成若會得時只說一箇知已自有行在只說一箇行已自有知在古人所以既說一箇知又說一箇行者只爲世間有一種人懵懵懂懂的任意去做全不解思惟省察也只是箇冥行妄作所以必說箇知方

這箇　這本音彥字彙毛晃曰凡稱此箇為者箇俗多改用這字○祖庭事苑二曰這裏這當作者指事之辭也又篇韻誤彥二音唯禪錄作之也切皆沿襲所致

纔行得是又有一種人茫茫蕩蕩懸空去思索全不肯著實躬行也只是箇揣摸影響所以必說一箇行方纔知得眞此是古人不得已補偏救弊的說話若見得這箇意時卽一言而足今人卻就將知行分作兩件去做以為必先知了然後能行我如今且去講習討論做知的工夫待知得眞了方去做行的工夫故遂終身不行亦遂

鑿空　前漢張騫傳西北國始通於漢然騫鑿空師古曰空孔也猶言始鑿其孔空也

杜撰　俗語辭○又野客叢書曰杜默為詩不合律故言事不合格者為杜撰

終身不知此不是小病痛其來已非一日矣某今說箇知行合一正是對病的藥又不是某鑿空杜撰知行本體原是如此今若知得宗旨時即說兩箇亦不妨亦只是一箇若不會宗旨便說一箇亦濟得甚事只是閒說話

愛問昨聞先生止至善之教已覺功夫有用力處但與朱子格物之訓思之終不能合

論語雍也子曰博學於文約之以禮亦可以弗畔矣○孟子者盡心篇首章也○子夏孟子公孫丑上孟施舍似曾子注曰子夏篤信聖人曾子求諸己

不得於心一中巻答羅整菴書曰夫學貴得之心求之於心而非也雖其言之出於孔子不敢以為是也而況其未及孔子者乎求之於心而是也雖其言之

先生曰格物是止至善之功既知至善即知格物矣愛曰昨以先生之教推之格物之說似亦見得大略但朱子之訓其於書之精一論語之博約孟子之盡心知性皆有所證據以是未能釋然先生曰子夏篤信聖人曾子反求諸己篤信固亦是然不如反求之切今既不得於心安可狃於舊聞不求是當就如朱子亦尊信程子至其

出於庸常不敢以爲非而況其
出於孔子者乎
精一博約說見下文十三四版

不得於心處亦何嘗苟從精一博約盡心
本自與吾說脗合但未之思耳朱子格物
之訓未免牽合附會非其本旨精是一之
功博是約之功日仁既明知行合一之說
此可一言而喩盡心知性知天是生知安
行事存心養性事天是學知利行事殀壽
不貳修身以俟是困知勉行事朱子錯訓
格物只爲倒看了此意以盡心知性爲物

○盡心說詳見中卷答人論學書

惟天下之至誠　中庸之文

格知至要初學便去做生知安行事如何做得愛問盡心知性何以爲生知安行先生曰性是心之體天是性之原盡心卽是盡性惟天下至誠爲能盡其性知天地之化育存心者心有未盡也知天如知州知縣之知是自己分上事已與天爲一事天如子之事父臣之事君須是恭敬奉承然後能無失尚與天爲二此便是聖賢之別

脩身俟命　案是語非聖人分上事孟子盡心上堯舜性之也湯武身之也集注云堯舜天理渾然全不假脩習湯武脩身体道以復其性○又下篇堯舜性也湯武反之也注不假脩爲聖之至也反之者脩爲以復其性而至於聖人也○下文又曰君子行法以俟命已矣注法由是立命由此出聖人也行法以俟命君子也聖人性之君子所以復其性也朱子所註皆如是而此獨以脩身俟命爲聖人分上事者恐偶然耳

至於殀壽不貳其心乃是教學者一心爲善不可以窮通殀壽之故便把爲善的心變動了只去修身以俟命見得窮通壽殀有箇命在我亦不必以此動心事天雖與天爲二已自見得箇天在面前俟命便是未曾見面在此等候相似此便是初學立心之始有箇困勉的意在今卻倒做了所以使學者無下手處愛曰昨聞先生之教

亦影影見得功夫須是如此今聞此說益
無可疑愛昨晚思格物的物字即是事字
皆從心上說先生曰然身之主宰便是心
心之所發便是意意之本體便是知意之
所在便是物如意在於事親即事親便是
一物意在於事君即事君便是一物意在
於仁民愛物即仁民愛物便是一物意在
於視聽言動即視聽言動便是一物所以

孟子語出離婁上又書曰格其非心○格物字義　中卷答人論學書詳言之○案近思錄劉安禮問御吏明道先生曰正己以格物是亦以為正物之義

其說無心外之理無心外之物中庸言不誠無物大學明明德之功只是箇誠意誠意之功只是箇格物

先生又曰格物如孟子大人格君心之格是去其心之不正以全其本體之正但意念所在即要去其不正以全其正即無時無處不是存天理即是窮理天理即是明德窮理即是明明德

孟子公孫丑上曰所以謂人皆有不忍人之心者今人乍見孺子將入井皆有怵惕惻隱之心云云○又盡心上人之所不學而能者其良能也所不慮而知者其良知也云云○又下曰人能充無欲害人之心而仁不可勝用也

又曰知是心之本體心自然會知見父自然知孝見兄自然知弟見孺子入井自然知惻隱此便是良知不假外求若良知之發更無私意障礙卽所謂充其惻隱之心而仁不可勝用矣然在常人不能無私意障礙所以須用致知格物之功勝私復理卽心之良知更無障礙得以充塞流行便是致其知知致則意誠

愛問先生以博文爲約禮功夫深思之未能得略請開示先生曰禮字即是理字理之發見可見者謂之文文之隱微不可見者謂之理只是一物約禮只是要此心純是一箇天理要此心純是天理須就理之發見處用功如發見於事親時就在事親上學存此天理發見於事君時就在事君上學存此天理發見於處富貴貧賤時就在

按文錄八博約說曰理一而已矣心一而已矣故聖人無二教而學者無二學博文以約禮格物以致其良知一也故先後之說後儒支繆之見也夫禮也者天理也天命之性具于吾心其渾然全体之中而條理節目森然畢具是故謂之天理天理之條理謂之禮是禮也其發見於外則有五常百行酬酢變化語黙動靜升降周旋隆殺厚薄之屬宣之於言而成章措之於爲而成行書之於册而成訓炳然蔚然其條理節目之繁至於不可窮詰是皆所謂文也是文也者禮之見於外者也禮也者文之存於中者也文顯而可見之禮也禮微而難見之文也是所謂体用一源而顯微無間者也是故君子之學也於酬酢變化語黙動靜之間而求盡其條理節目焉非他也求盡吾心之天理焉耳矣升降周旋厚薄之間而求盡其條理節目焉非他也求盡吾心之天理焉耳矣求盡其條理節目焉者博文也求盡吾心之天理焉者約禮也云云

散於事而万殊者也故曰博禮根乎心而一本者也故曰約博文而非約之以禮則其文爲虛文後世功利辭章之學矣約禮而非博學於文則其禮爲虛禮而佛老空寂之學矣是故約禮必在於博文而博文乃所以約禮二之而分先後焉者是聖學不明而功利異端之說亂之也云云○孟子離婁下曰博學而詳說將以反說約也

道心常爲一一語出於中庸序朱子亦嘗以人心爲人欲然非本說載朱書節要而李退溪論之

處富貴貧賤上學存此天理發見於處患難夷狄時就在處患難夷狄上學存此天理至於作止語默無處不然隨他發見處即就那上面學箇存天理這便是博學之於文便是約禮的功夫博文即是惟精約禮即是惟一

愛問道心常爲一身之主而人心每聽命以先生精一之訓推之此語似有弊先生曰

然心一也未雜於人謂之道心雜以人僞
謂之人心人心之得其正者即道心道心
之失其正者即人心初非有二心也程子
謂人心即人欲道心即天理語若分析而
意實得之今曰道心爲主而人心聽命是
二心也天理人欲不並立安有天理爲主
人欲又從而聽命者

愛問文中子韓退之先生曰退之文人之雄

文中子名通字仲淹隋人門人私謚曰文中子此卷四十一版亦論之○韓退之名愈唐人謚文公○近思觀聖賢明道先生曰文中子本是一隱君子世人往往得其議論附會成書其間極有格言○又曰韓愈亦近世豪傑之士

擬經一仲淹嘗依倣六經以著之今亡遺編不可見而中說中載其規模大畧○朱子文集六十七卷有王氏續經說譏其好名好高欲速自大然其說曰退之求若仲淹之致懇惻而有條理也是以予於仲淹獨深惜之是亦春秋責賢者備之遺意也朱子之意亦可以見

耳文中子賢儒也後人徒以文詞之故推尊退之其實退之去文中子遠甚愛問何以有擬經之失先生曰擬經恐未可盡非且說後世儒者著述之意與擬經如何愛曰世儒著述近名之意不無然期以明道擬經純若爲名先生曰著述以明道亦何所效法曰孔子刪述六經以明道也先生曰然則擬經獨非效法孔子乎愛曰著述

譊 字彙乃交切爭也恚呼也
○又爭言也
六經 明文錄七稽山書院尊經閣記其說明詳又示弟立志說述諸於古訓之意尤深切當並考
○易之六畫伏羲所畫之卦總六十四也卦下辭文王所繫彖辭者也爻下辭周公所繫所謂爻辭者也
周禮春官太卜掌三易之法一曰連山二曰歸藏三曰周易其經卦皆八其別皆六十有四○夏謂之連山殷謂之歸藏周謂之周易

即於道有所發明擬經似徒擬其迹恐於道無補先生曰子以明道者使其反朴還淳而見諸行事之實乎抑將美其言辭而徒以譊譊於世也天下之大亂由虛文勝而實行衰也使道明於天下則六經不必述刪述六經孔子不得已也自伏羲畫卦至於文王周公其間言易如連山歸藏之屬紛紛籍籍不知其幾易道大亂孔子以

〇孔安國古文尚書序曰先君孔子生於周末覩史籍之煩文懼覽者不一遂乃定禮樂明舊章刪詩爲三百篇約史記脩春秋讚易道以黜八索述職方以除九丘討論墳典斷自陶虞以下訖于周芟夷煩亂翦截浮辭擧其宏綱撮其機要以垂世立教云云

九丘 古文尚書序曰八卦之説謂之八索求其義也九州之志謂之九丘丘聚也言九州所有土地所生風氣所宜皆聚此書也

哇 字彙非正典也

天下好文之風日盛知其說之將無紀極於是取文王周公之說而贊之以爲惟此爲得其宗於是紛紛之說盡廢而天下之言易者始一書詩禮樂春秋皆然書自典謨以後詩自二南以降如九丘八索一切淫哇逸蕩之詞蓋不知其幾千百篇禮樂之名物度數至是亦不可勝窮孔子皆刪削而述正之然後其說始廢如書詩禮樂

今之禮記程朱共有此論

所謂　史記孔子世家云筆則筆削則削游夏不能賛一辭

始皇　史記始皇本紀三十四年史官非秦紀及詩書百家語皆燒之所不去者醫藥卜筮種樹書

中孔子何嘗加一語今之禮記諸説皆後儒附會而成已非孔子之舊至於春秋雖稱孔子作之其實皆魯史舊文所謂筆者筆其舊所謂削者削其繁是有減無增孔子述六經懼繁文之亂天下惟簡之而不得使天下務去其文以求其實非以文教之也春秋以後繁文益盛天下益亂始皇焚書得罪是出於私意又不合焚六經若

文盛　此段意思　中卷答人論學書中拔本塞源論說得詳

當時志在明道其多反經叛理之說悉取而焚之亦正暗合刪述之意自秦漢以降文又日盛若欲盡去之斷不能去只宜取法孔子錄其近是者而表章之則其諸怪悖之說亦宜漸漸自廢不知文中子當時擬經之意如何某切深有取於其事以爲聖人復起不能易也天下所以不治只因文盛實衰人出己見新奇相高以眩俗取

歇後　綱目唐昭宗乾寧元年鄭綮好詼諧多作歇後詩譏嘲時事○案歇後不終語言使人察之也

謎　字彙隱語也

譽徒以亂天下之聰明塗天下之耳目使天下靡然爭務修飾文詞以求知於世而不復知有敦本尚實反朴還淳之行是皆著述者有以啓之愛曰著述亦有不可缺者如春秋一經若無左傳恐亦難曉先生曰春秋必待傳而後明是歇後謎語矣聖人何苦爲此艱深隱晦之詞左傳多是魯史舊文若春秋須此而後明孔子何必削

如書弑君。　此段議論下條所謂存其戒削其事以杜奸之說下句道尽

○文成公嘗作五經臆說而今亡逸其僅存者數條全書續篇載之可以類推

之愛曰伊川亦云傳是案經是斷如書弑某君伐某國若不明其事恐亦難斷先生曰伊川此言恐亦是相沿世儒之說未得聖人作經之意如書弑君即弑君便是罪何必更問其弑君之詳征伐當自天子出書伐國即伐國便是罪何必更問其伐國之詳聖人述六經只是要正人心只是要存天理去人欲於存天理去人欲之事則

子欲無言　出論語陽貨篇

仲尼之門　出孟子惠王篇

嘗言之或因人請問各隨人分量而說亦不肯多道恐人專求之言語故曰予欲無言若是一切縱人欲滅天理的事又安肯詳以示人是長亂導奸也故孟子云仲尼之門無道桓文之事者是以後世無傳焉此便是孔門家法世儒只講得一箇伯者的學問所以要知得許多陰謀詭計純是一片功利的心與聖人作經的意思正相反

孔子出衛靈公篇○孟子出盡心下篇

○五伯　孟子告子下集注五霸齊桓晉文秦穆宋襄楚莊也又丁氏曰夏昆吾商大彭豕韋周齊桓晉文謂之五霸

如何思量得通因嘆曰此非達天德者未易與言此也又曰孔子云吾猶及史之闕文也孟子云盡信書不如無書吾於武成取二三策而已孔子刪書於唐虞夏四五百年間不過數篇豈更無一事而所述止此聖人之意可知矣聖人只是要刪去繁文後儒卻只要添上愛曰聖人作經只是要去人欲存天理如五伯以下事聖人不

龐　字彙音龍充實也

三墳　墳大也孔安國古文尚書序曰伏羲神農黃帝之書謂之三墳言大道也

欲詳以示人則誠然矣至如堯舜以前事如何略不少見先生曰羲黃之世其事闊踈傳之者鮮矣此亦可以想見其時全是淳龐朴素略無文采的氣象此便是太古之治非後世可及愛曰如三墳之類亦有傳者孔子何以刪之先生曰縱有傳者亦於世變漸非所宜風氣益開文采日勝至於周末雖欲變以夏商之俗已不可挽況

中庸曰仲尼祖述堯舜憲章文武集註祖述者遠宗其道憲章近守其法○今案堯舜之治不宜守今故祖述其道而不由其法也文武之法則當今所用故憲章之也

周公　孟子離婁下曰周公思兼三王——集注三王禹也湯也文武也時勢殊故其事或有所不合思而得之則其理初不異

唐虞乎又況羲黄之世乎然其治不同其道則一孔子於堯舜則祖述之於文武則憲章之文武之法卽是堯舜之道但因時致治其設施政令已自不同卽夏商事業施之於周已有不合故周公思兼三王其有不合仰而思之夜以繼日況太古之治豈復能行斯固聖人之所可略也又曰專事無爲不能如三王之因時致治而必欲

行以太古之俗即是佛老的學術因時致治不能如三王之一本於道而以功利之心行之即是伯者以下事業後世儒者許多講來講去只是講得箇伯術

又曰唐虞以上之治後世不可復也略之可也三代以下之治後世不可法也削之可也惟三代之治可行然而世之論三代者不明其本而徒事其末則亦不可復矣

案伊川先生春秋傳序云後王知春秋之義則雖德非禹湯尚可以法三代之治云云是不明其本而徒事其末者以開後世霸功之心如孔孟無此議論伊川蓋憂世之切而不覺其揄揚之甚過耶

愛曰先儒論六經以春秋爲史史專記事恐與五經事體終或稍異先生曰以事言謂之史以道言謂之經事卽道道卽事春秋亦經五經亦史易是包犧氏之史書是堯舜以下史詩禮樂是三代史其事同其道同安有所謂異

又曰五經亦只是史史以明善惡示訓戒善可爲訓者特存其迹以示法惡可爲戒者

存其戒而削其事以杜奸愛曰存其迹以示法亦是存天理之本然削其事以杜奸亦是遏人欲於將萌否先生曰聖人作經固無非是此意然又不必泥著文句愛又問惡可為戒者存其戒而削其事以杜奸何獨於詩而不刪鄭衛先儒謂惡者可以懲創人之逸志然否先生曰詩非孔門之舊本矣孔子云放鄭聲鄭聲淫又曰惡鄭

案上章論春秋説及仲尼之徒無言桓文之事者是孔門之家法等語皆當證存戒削事以杜奸之意

先儒　朱文公詩經集傳序曰善者師之而惡者改焉○又論語為政詩三百注云善者可以感發人之善心惡者可以懲創人之逸志

放鄭聲　出衛靈公篇

朱文公詩集傳有言旧説十三國為變風則亦領在樂官以時存肄備觀省而垂監戒耳今案詩之為教諷誦絃歌之間使人生好善惡惡之心以為勸懲之本如今鄭衛之類其將使人不歌誦之邪人將何所聞以懲創其逸志其果使人歌誦之邪孔子有明戒且未聞古人因張淫樂以懲創人之逸志者是實求其説而不得從而為之

辭者也且朱序曰善之不足以爲教惡之不足以爲戒者則亦刊而去之然而變風中善惡之不足以爲教戒者固不可勝數棄之可也

鄭聲亂雅樂　出陽貨篇

鄭衛之音亡國之音也　出詩經大序及禮記樂記

奏之　朱子詩經序曰昔周盛時用之鄉人用之邦國以化天下云云

移風易俗　出樂記及孝經

孟子公孫丑下今之君子豈徒順之又從爲之辭

聲之亂雅樂也鄭衛之音亡國之音也此是孔門家法孔子所定三百篇皆所謂雅樂皆可奏之郊廟奏之鄉黨皆所以宣暢和平涵泳德性移風易俗安得有此是長淫導奸矣此必秦火之後世儒附會以足三百篇之數蓋淫泆之詞世俗多所喜傳如今閭巷皆然惡者可以懲創人之逸志是求其說而不得從而爲之辭

年譜正德八年十二月先生四十二歲下愛是年以祁州知州考滿進京陞南京工部員外郎與先生同舟歸越論大學宗旨聞之踴躍痛快如狂如醒者數日胸中混沌復闢仰思堯舜三王孔孟千聖立言人各不同其旨則一今之傳習錄所載首卷是也其自敘曰愛因旧說云云如說之如通本誤作始今據全書改之

愛因舊說汩沒始聞先生之教實是駭愕不定無入頭處其後聞之既久漸知反身實踐然後始信先生之學為孔門嫡傳舍是皆傍蹊小徑斷港絕河矣如說格物是誠意的工夫明善是誠身的工夫窮理是盡性的工夫道問學是尊德性的工夫博文是約禮的工夫惟精是惟一的工夫諸如此類始皆落落難

此一段本與上文列書今案徐氏所編傳習錄者至此止焉是其錄文耳故據例低書之

合其後思之既久不覺手舞足蹈

右曰仁所錄

凡十四條

陸澄字元靜又作原靜一字清伯是以下元靜所録

案此卷六十九版薛侃録梁日孚問答與此同而此之益詳當并考

所謂逐物一陸象山集多言之程朱亦嘗有此言

結聖胎　言精神凝聚處猶下聖種五車韻瑞引東軒録云養聖胎○又仁王經聖胎長養

陸澄問主一之功如讀書則一心在讀書上接客則一心在接客上可以爲主一乎先生曰好色則一心在好色上好貨則一心在好貨上可以爲主一乎是所謂逐物非主一也主一是專主一箇天理

問立志先生曰只念念要存天理即是立志能不忘乎此久則自然心中凝聚猶道家所謂結聖胎也此天理之念常存馴至於

美大聖神亦只從此一念存養擴充去耳

日間工夫覺紛擾則靜坐覺懶看書則且看

書是亦因病而藥

處朋友務相下則得益相上則損

孟源有自是好名之病先生屢責之一日警

責方巳一友自陳日來工夫請正源從傍

曰此方是尋著源舊時家當先生曰爾病

又發源色變議擬欲有所辨先生曰爾病

美大｜孟子盡心下曰可欲之謂善有諸己之謂信充實之謂美充實而光輝之謂大大而化之之謂聖聖而不可知之之謂神○盡心上存其心養其性○公孫丑上知皆擴而充之

日間工夫｜是乃克己之實功非惟可施之靜坐讀書而已日用所爲當皆如此矣然其謂覺懶看書則看書者蓋就惰心生者言之耳人精力有限不知所以養之而貪看文字以致病者又非此類○案近思錄問目恐尖物此事不得放過曰便與克下室中率置尖物須以理勝他尖必不刺人也何畏之有是其意雖不同其用功處實無異亦可以爲良法矣▲處朋友｜第三卷九版大凡朋友條同二十五版凡朋友條說朋友交道親切著明弁案文盡

又發因喻之曰此是汝一生大病根譬如方丈地内種此一大樹雨露之滋土脉之力只滋養得這箇大根四傍縱要種些嘉穀上面被此樹葉遮覆下面被此樹根盤結如何生長得成須用伐去此樹纖根勿留方可種植嘉種不然任汝耕耘培壅只是滋養得此根

問後世著述之多恐亦有亂正學先生曰人

○寫眞｜眞肖像也寫眞傳神
圖寫肖像以傳神彩也

摹倣｜象山集要第五曰吾嘗
與晦翁書云揣量摸寫之工依
放假借之似其條畫足以自信
其節目足以自安此言切中晦
翁之膏肓恐亦是此意與書見
集要第一卷

心天理渾然聖賢筆之書亦如寫眞傳神不
過示人以形狀大略使之因此而討求其
眞耳其精神意氣言笑動止固有所不能
傳也後世著述是又將聖人所書摹倣謄
寫而妄自分析加增以逞其技其失眞愈
遠矣

問聖人應變不窮莫亦是預先講求否先生
曰如何講求得許多聖人之心如明鏡只

是一箇明則隨感而應無物不照未有已往之形尚在未照之形先具者若後世所講卻是如此是以與聖人之學大背周公制禮作樂以文天下皆聖人所能爲堯舜何不盡爲之而待於周公孔子刪述六經以詔萬世亦聖人所能爲周公何不先爲之而有待於孔子是知聖人遇此時方有此事只怕鏡不明不怕物來不能照講求

近思道体伊川先生曰冲漠無朕万象森然已具字彙冲虚也老子大盈若虚虚作沖○朕字彙兆微萌兆謂之朕

孟盡心上云堯舜之知而不徧物急先務也堯舜之仁而不徧愛人急親賢也○論語子張曰■子貢曰紂之不善不如是之甚也是以君子惡居下流天下之惡皆歸焉○孟子離婁下文王視民如傷望道而未見之集注而讀為如古字通用然王子所説恐讀如字

事變亦是照時事然學者卻須先有箇明的工夫學者惟患此心之未能明不患事變之不能盡曰然則所謂冲漠無朕而萬象森然已具者其言何如曰是說本自好只不善看亦便有病痛

義理無定在無窮盡吾與子言不可以少有所得而遂謂止此也再言之十年二十年五十年未有止也他日又曰聖如堯舜然

堯舜之上善無盡惡如桀紂然桀紂之下惡無盡使桀紂未死惡寧止此乎使善有盡時文王何以望道而未之見

問靜時亦覺意思好才遇事便不同如何先生曰是徒知靜養而不用克己工夫也如此臨事便要傾倒人須在事上磨方立得住方能靜亦定動亦定

問上達工夫先生曰後儒教人纔涉精微便

案原靜工夫每好靜故先生教以事上磨第二卷答原靜書可以見而事上磨固先生之家法

靜亦定動亦定明道先生定性書語

論語憲問篇子曰不怨天不尤人下學而上達知我者其天乎

謂上達未嘗學且說下學是分下學上達爲二也夫目可得見耳可得聞口可得言心可得思者皆下學也目不可得見耳不可得聞口不可得言心不可得思者上達也如木之栽培灌溉是下學也至於日夜之所息條達暢茂乃是上達人安能預其力哉故凡可用功可告語者皆下學上達只在下學裏凡聖人所說雖極精微俱是

篩音師韻海云籮器也

下學學者只從下學裏用功自然上達去不必別尋箇上達的工夫

問惟精惟一是如何用功先生曰惟一是惟精主意惟精是惟一功夫非惟精之外復有惟一也精字從米姑以米譬之要得此米純然潔白便是惟一意然非加舂簸篩揀惟精之工則不能純然潔白也舂簸篩揀是惟精之功然亦不過要此米到純然

漆雕開語見公冶長篇子路及曾點語見先進篇

潔白而已博學審問愼思明辨篤行者皆所以爲惟精而求惟一也他如博文者卽約禮之功格物致知者卽誠意之功道問學卽尊德性之功明善卽誠身之功無二說也

知者行之始行者知之成聖學只一箇功夫知行不可分作兩事

漆雕開曰吾斯之未能信夫子說之子路使

子羔爲費宰子曰賊夫人之子曾點言志夫子許之聖人之意可見矣

問寧靜存心時可爲未發之中否先生曰今人存心只定得氣當其寧靜時亦只是氣寧靜不可以爲未發之中曰未便是中莫亦是求中功夫曰只要去人欲存天理方是功夫靜時念念去人欲存天理動時念念去人欲存天理不管寧靜不寧靜若靠

此論論語先進卒章。○下卷二十九版亦論曾點可並案
耍字衰沙雅反音洲戲耍
意必　子罕篇云子絕四莫意莫必莫固莫我

那寧靜不惟漸有喜靜厭動之弊中間許多病痛只是潛伏在終不能絕去遇事依舊滋長以循理爲主何嘗不寧靜以寧靜爲主未必能循理

問孔門言志由求任政事公西赤任禮樂多少實用及曾晳說來卻似耍的事聖人卻許他是意何如曰三子是有意必有意必便偏著一邊能此未必能彼曾點這意思

素其位至自得矣中庸語○汝
器出公冶長○不器出為政○
成章公冶長篇曰吾黨之小子
斐然成章

盈科而進孟子離婁下 注科坎
也 仙家

卻無意必便是素其位而行不願乎其外素夷狄行乎夷狄素患難行乎患難無入而不自得矣三子所謂汝器也曾點便有不器意然三子之才各卓然成章非若世之空言無實者故夫子亦皆許之

問知識不長進如何先生曰為學須有本原須從本原上用力漸漸盈科而進仙家說嬰兒亦善譬嬰兒在母腹時只是純氣有

何知識出胎後方始能啼既而後能笑又既而後能識認其父母兄弟又既而後能立能行能持能負卒乃天下之事無不可能皆是精氣日足則筋力日强聰明日開不是出胎日便講求推尋得來故須有箇本原聖人到位天地育萬物也只從喜怒哀樂未發之中上養來後儒不明格物之說見聖人無不知無不能便欲於初下手

案讀書之法於是更以下卷第十版九川問此工夫條同二十一版問讀書條及二十七版一友問讀書條合觀之其意交盡工夫有下落處

時講求得盡豈有此理又曰立志用功如種樹然方其根芽猶未有幹及其有幹尚未有枝枝而後葉葉而後花實初種根時只管栽培灌溉勿作枝想勿作葉想勿作花想勿作實想懸想何益但不忘栽培之功怕沒有枝葉花實

問看書不能明如何先生曰此只是在文義上穿求故不明如此又不如爲舊時學問

象山集要五曰學苟有本六經皆我註脚

又六經註我我非注六經

案朱子大學章句曰具衆理應万事然是猶似以万事外看之了孟子曰万物皆備於我矣其意可觀

他到看得多解得去只是他爲學雖極解得明曉亦終身無得須於心體上用功凡明不得行不去須反在自心上體當即可通蓋四書五經不過說這心體這心體即所謂道心體明即是道明更無二此是爲學頭腦處

虚靈不昧衆理具而萬事出心外無理心外無事

晦庵語出朱子大學或問格物章

析之云云語出朱子大學或問八目下然後字正見支離之處

或問晦庵先生曰人之所以爲學者心與理而已此言如何曰心卽性性卽理下一與字恐未免爲二此在學者善觀之

或曰人皆有是心心卽理何以有爲善有爲不善先生曰惡人之心失其本體

問析之有以極其精而不亂然後合之有以盡其大而無餘此言如何先生曰恐亦未盡此理豈容分析又何須湊合得聖人說

象山集要五曰復齋兄一日見問曰吾弟今在何處做工夫某答云在人情事勢物理上做些工夫復齋應而已若知物價之低昂與夫辨物之美惡真偽則吾不可不謂之能然吾之所謂做工夫非此之謂也

精一自是盡

省察是有事時存養存養是無事時省察

澄嘗問象山在人情事變上做工夫之説先生曰除了人情事變則無事矣喜怒哀樂非人情乎自視聽言動以至富貴貧賤患難死生皆事變也事變亦只在人情裏其要只在致中和致中和只在謹獨

澄問仁義禮智之名因已發而有曰然他日

澄曰則隱羞惡辭讓是非是性之表德邪
曰仁義禮智也是表德性一而已自其形
體也謂之天主宰也謂之帝流行也謂之
命賦於人也謂之性主於身也謂之心心
之發也遇父便謂之孝遇君便謂之忠自
此以往名至於無窮只一性而已猶人一
而已對父謂之子對子謂之父自此以往
至於無窮只一人而已人只要在性上用

心猿意馬多出佛書○拴字彙註揀也又揀注擊也打也

功看得一性字分明即萬理燦然

一日論爲學工夫先生曰教人爲學不可執一偏初學時心猿意馬拴縛不定其所思慮多是人欲一邊故且教之靜坐息思慮久之俟其心意稍定只懸空靜守如槁木死灰亦無用須教他省察克治省察克治之功則無時而可間如去盜賊須有箇掃除廓清之意無事時將好色好貨好名等

逐一　按尋察是王子教人家法也。下卷三十九版一友問條盡之。

如猫之捕鼠　文錄八示第立志說亦言之。○朱子文集偶讀謾記曰：釋氏有清草堂者，有名叢林。其始學時，若無所入。有告之者曰：子不見猫之捕鼠乎？四足據地，首尾一直，目睛不瞬，心無他念，唯其不動，動則鼠無所逃矣。清用其言，乃有所入。彼之用心，雖與吾異，然其所以得之者，則無彼此之殊。學者宜以是而自警。

斬釘截鐵　家俗語，言用功切緊。

▲何思何慮　易係辭曰：天下何思何慮？天下同歸而殊塗，一致

私逐一追究搜尋出來，定要拔去病根，永不復起，方始爲快。常如猫之捕鼠，一眼看著，一耳聽著，纔有一念萌動，即與克去，斬釘截鐵，不可姑容與他方便，不可窩藏，不可放他出路，方是眞實用功，方能掃除廓淸。到得無私可克，自有端拱時在。雖曰何思何慮，非初學時事。初學必須思省察克治，即是思誠，只思一箇天理。到得天理純

而亡思云云今案以何思何慮爲自然的地頭故曰非初學時事也蓋先生前說乎中卷三十九丁叔器問道通書曰係言何思何慮是言所思所慮只是一箇天理更無別思別慮耳云云可交考

全便是何思何慮矣
澄問有人夜怕鬼者奈何先生曰只是平日不能集義而心有所慊故怕若素行合於神明何怕之有子華曰正直之鬼不須怕恐邪鬼不管人善惡故未免怕先生曰豈有邪鬼能迷正人乎只此一怕即是心邪故有迷之者非鬼迷也心自迷耳如人好色即是色鬼迷好貨即是貨鬼迷怒所不

定者ノ一 案明道先生定性ノ書此語ノ一句道盡

論語子路篇子路曰衛君待子而爲政子將奚先子曰必也正名乎集注胡氏曰夫子爲政而以正名爲先必將具其事之本末告諸天王請于方伯命公子郢而立之則人倫正天理得名正言順而事成矣

盛德至誠必已感化ノ一 案以下卷四十六版鄉人有父子訟

嘗怒是怒鬼迷懼所不當懼是懼鬼迷也

定者心之本體天理也動靜所遇之時也

澄問學庸同異先生曰子思括大學一書之義爲中庸首章

問孔子正名先儒說上告天子下告方伯廢輒立郢此意如何先生曰恐難如此豈有一人致敬盡禮待我而爲政我就先去廢他豈人情天理孔子既肯與輒爲政必已

徐觀之先生是論實自得心
言

是他能傾心委國而聽聖人盛德至誠必
已感化衛輒使知無父之不可以爲人必
將痛哭奔走往迎其父父子之愛本於天
性輒能悔痛直切如此蒯聵豈不感動底
豫蒯聵既還輒乃致國請戮聵已見化於
子又有夫子至誠調和其間當亦決不肯
受仍以命輒羣臣百姓又必欲得輒爲君
輒乃自暴其罪惡請於天子告於方伯諸

集命書太甲上用集大命撫綏万方

上皇故事　漢高祖六年尊太上公為太上皇唐高宗武德九年帝自称太上皇而太子即位之類

君君臣臣語出顔淵篇

為政於天下語出孟子言不特衛國而已也

侯而必欲致國於父瞶與羣臣百姓亦皆表輒悔悟仁孝之美請於天子告於方伯諸侯必欲得輒而爲之君於是集命於輒使之復君衞國輒不得已乃如後世上皇故事率羣臣百姓尊瞶爲太公備物致養而始退復其位焉則君君臣臣父父子子名正言順一舉而可爲政於天下矣孔子正名或是如此

○倉居語倉卒居或倉中居近思錄伯淳昔在長安倉中閒坐

禮記檀弓上子夏喪其子而喪其明曾子曰喪爾子喪爾明爾罪云云可並案○大學曰有所憂患不得其正

澄在鴻臚寺倉居忽家信至言兒病危澄心甚憂悶不能堪先生曰此時正宜用功若此時放過閑時講學何用人正要在此等時磨錬父之愛子自是至情然天理亦自有箇中和處過即是私意人於此處多認做天理當憂則一向憂苦不知已是有所憂患不得其正大抵七情所感多只是過少不及者才過便非心之本體必須調停

孝經末章曰毀不滅性此聖人之政喪不過三年示民有終又禮記曲禮曰毀瘠不形云云不勝喪乃比不慈不孝云云

此條及下文四十九版痿疾之喻求是編識之然朱子亦嘗有此論及此譬何其無稽之甚

適中始得就如父母之喪人子豈不欲一哭便死方快於心然卻曰毀不滅性非聖人強制之也天理本體自有分限不可過也人但要識得心體自然增減分毫不得不可謂未發之中常人俱有蓋體用一源有是體即有是用有未發之中即有發而皆中節之和今人未能有發而皆中節之和須知是他未發之中亦未能全得

易繫辭曰易有聖人之道四焉以言者尚其辭以動者尚其變以制器者尚其象以卜筮者尚其占

是初九云云是初畫今案是舉其例耳非限初九初畫

夜氣說出孟子告子上

操存舍亡語出孟子告子上

易之辭是初九潛龍勿用六字易之象是初畫易之變是值其畫易之占是用其辭

夜氣是就常人說學者能用功則日間有事無事皆是此氣翕聚發生處聖人則不消說夜氣

澄問操存舍亡章曰出入無時莫知其鄉此雖就常人心說學者亦須是知得心之本體亦元是如此則操存功夫始沒病痛不

二程全書外書曰范淳夫女讀孟子出入無時莫知其鄉惟心之謂與語人曰孟子不識心心豈有出入先生聞之曰此女雖不識孟子識心

近思錄程子曰心要在腔子裏○又曰滿腔子惻隱心腔子亦只是天理今衆腔子謂軀殼是語蓋活説耳亦只是三字可見然人是天地之心則實以天爲軀殼者豈言語乎

可便謂出爲亡入爲存若論本體元是無出無入的若論出入則其思慮運用是出然主宰常昭昭在此何出之有既無所出何入之有程子所謂腔子亦只是天理而已雖終日應酬而不出天理即是在腔子裏若出天理斯謂之放斯謂之亡又曰出入亦只是動靜動靜無端豈有鄉邪

王嘉秀問佛以出離生死誘人入道仙以長

上下截近思錄明道先生曰釋氏唯務上達而無下學然則其上達處豈有是也又曰佛有一箇覺之理可以敬以直内矣然無義以方外其直内者要之其本亦不是

由科一科謂及第貢謂鄉貢傳謂傳達平路謂顧問禮聘之屬如孔孟出仕

生久視誘人入道其心亦不是要人做不好究其極至亦是見得聖人上一截然非入道正路如今仕者有由科有由貢有由傳奉一般做到大官畢竟非入仕正路君子不由也仙佛到極處與儒者略同但有了上一截遺了下一截終不似聖人之全然其上一截同者不可誣也後世儒者又只得聖人下一截分列不失真流而爲記誦

今學者不先排仙佛而云此一段好議論

俯就禮記檀弓字

詞章功利訓詁亦卒不免爲異端是四家者終身勞苦於身心無分毫益視彼仙佛之徒清心寡慾超然於世累之外者反若有所不及矣今學者不必先排仙佛且當篤志爲聖人之學聖人之學明則仙佛自泯不然則此之所學恐彼或有不屑而反欲其俯就不亦難乎鄙見如此先生以爲何如先生曰所論大略亦是但謂上一截

一陰一陽至日用不知易係辭文

蓍固丨求是編識之然是不知固亦二字之意者先生豈言蓍亀無別乎是言決嫌疑定猶豫則爲亀易無異耳蓋爲固滯蓍亀之殊者破之也

謂武王丨八佾篇語

下一截亦是人見偏了如此若論聖人大中至正之道徹上徹下只是一貫更有甚上一截下一截一陰一陽之謂道但仁者見之便謂之仁智者見之便謂之智百姓又日用而不知故君子之道鮮矣仁智豈可不謂之道但見得偏了便有弊病

蓍固是易龜亦是易

問孔子謂武王未盡善恐亦有不滿意先生

語出管子

曰在武王自合如此曰使文王未沒畢竟
如何曰文王在時天下三分已有其二若
到武王伐商之時文王若在或者不致興
兵必然這一分亦來歸了文王只善處紂
使不得縱惡而已
問孟子言執中無權猶執一先生曰中只是
天理只是易隨時變易如何執得須是因
時制宜難預先定一箇規矩在如後世儒

者要將道理一一說得無罅漏立定箇格式此正是執一

唐詡問立志是常存箇善念要爲善去惡否曰善念存時即是天理此念即善更思何善此念非惡更去何惡此念如樹之根芽立志者長立此善念而已從心所欲不踰矩只是志到熟處

精神道德言動大率收斂爲主發散是不得

孟子公孫丑上云冉牛閔子顏淵則具體而微注曰有其全体但未廣大耳

良——方言也

魯齋元人名衡時人與吳澄并稱

仙家——中卷四十六版答原靜書詳之

包天地人物皆然

問文中子是如何人先生曰文中子庶幾具體而微惜其蚤死問如何卻有續經之非曰續經亦未可盡非請問良久曰更覺良工心獨苦

許魯齋謂儒者以治生爲先之說亦誤人

問仙家元氣元神元精先生曰只是一件流行爲氣凝聚爲精妙用爲神

喜怒哀樂本體自是中和的纔自家著此意思便過不及便是私

問哭則不歌先生曰聖人心體自然如此

克己須要掃除廓清一毫不存方是有一毫在則衆惡相引而來

問律呂新書先生曰學者當務爲急算得此數熟亦恐未有用必須心中先具禮樂之本方可且如其書說多用管以候氣然至

述而篇曰子食於有喪者之側未嘗飽子於是日哭則不歌

律呂新書蔡元定作之朱文公序之今性理大全收之禮樂之本吾心得中和是禮樂之本故去人欲存天理是下文所謂禮樂本原上之用功○下卷四十九版亦論之可參考○案蔡元定以管候氣之法埋十二管於密室上與地平實以葭灰覆以緹素以候十有二月之中氣冬至氣至則黃鐘之管飛灰衝素太簇以下各以其月隨而應焉而時序正矣其管則黃鐘長九寸空圍九分以黍粒定之也餘十一律由是而損益焉

冬至那一刻時管灰之飛或有先後須臾之間焉知那管正値冬至之刻須自心中先曉得冬至之刻始得此便有不通處學者須先從禮樂本原上用功

日仁云心猶鏡也聖人心如明鏡常人心如昏鏡近世格物之說如以鏡照物照上用功不知鏡尚昏在何能照先生之格物如磨鏡而使之明磨上用功明了後亦未嘗

磨照

問道之精粗先生曰道無精粗人之所見有精粗如這一間房人初進來只見一箇大規模如此處久便柱壁之類一一看得明白再久如柱上有些文藻細細都看出來然只是一間房

先生曰諸公近見時少疑問何也人不用功莫不自以爲已知爲學只循而行之是矣

殊不知私欲日生如地上塵一日不掃便又有一層著實用功便見道無終窮愈探愈深必使精白無一毫不徹方可

問知至然後可以言誠意今天理人欲知之未盡如何用得克己工夫先生曰人若真實切己用功不已則於此心天理之精微日見一日私欲之細微亦日見一日若不用克己工夫終日只是說話而已天理終

不自見私欲亦終不自見如人走路一般走得一段方認得一段走到岐路處有疑便問問了又走方漸能到得欲到之處今人於已知之天理不肯存已知之人欲不肯去且只管愁不能盡知只管閒講何益之有且待克得自己無私可克方愁不能盡知亦未遲在

問道一而已古人論道往往不同求之亦有

何適唐本全書作何莫義似不可解然本集多有何莫而三字似何適而字意當存疑

要乎先生曰道無方體不可執著卻拘滯於文義上求道遠矣如今人只說天其實何嘗見天謂日月風雷即天不可謂人物艸木不是天亦不可道即是天若識得時何適而非道人但各以其一隅之見認定以爲道止如此所以不同若解向裏尋求見得自己心體即無時無處不是此道亘古亘今無終無始更有甚同異心即道道

即天知心則知道知天又曰諸君要實見此道須從自己心上體認不假外求始得

問名物度數亦須先講求否先生曰人只要成就自家心體則用在其中如養得心體果有未發之中自然有發而中節之和自然無施不可苟無是心雖預先講得世上許多名物度數與己原不相干只是裝綴臨時自行不去亦不是將名物度數全然

夔之樂稷之種｜書舜典帝命夔曰命汝典樂教冑子○又曰棄黎民阻饑汝后稷播時百穀

不器　論語爲政曰君子不器

不理只要知所先後則近道又曰人要隨才成就才是其所能爲如夔之樂稷之種是他資性合下便如此成就之者亦只是要他心體純乎天理其運用處皆從天理上發來然後謂之才到得純乎天理處亦能不器使夔稷易藝而爲當亦能之又曰如素富貴行乎富貴素患難行乎患難皆是不器此惟養得心體正者能之

孟子離婁下曰原泉混々不舍晝夜盈科後進放乎四海有本者如是云云 ○象山集要卷之五曰涓々之流積成江河

孟子告子夜氣章可並案 ○下卷五十四版曰人一日間古今世界都經過一番云云是亦當並案

六卿分職 書經周官文案太師太傅太保為之三公少師少傅小保為之三孤合之謂六卿其職冢宰司徒宗伯司馬司寇司空也明朝制吏部戸部禮部兵部刑部工部也 ○心總五官 孟子告子上曰耳目之官不思而蔽於物々交物則引之而已矣心之官則思々則得之不思則不得云云

○今案論語季氏篇說九思非是逐在物上者宜深思之

與其為數頃無源之塘水不若為數尺有源之井水生意不窮時先生在塘邊坐傍有井故以之喩學云

問世道日降太古時氣象如何復見得先生曰一日便是一元人平旦時起坐未與物接此心清明景象便如在伏羲時遊一般

問心要逐物如何則可先生曰人君端拱清穆六卿分職天下乃治心統五官亦要如

此今眼要視時心便逐在色上耳要聽時心便逐在聲上如人君要選官時便自去坐在吏部要調軍時便自去坐在兵部如此豈惟失卻君體六卿亦皆不得其職

善念發而知之而充之惡念發而知之而遏之知與充與遏者志也天聰明也聖人只有此學者當存此

澄曰好色好利好名等心固是私欲如閑思

一切皆ー案此處是致知之實
功孟子盡心下云人能充無穿
踰之心而義不可勝用也
寂然不動語出易係辭
近思録明道先生曰廓然大公
物來順應
着全集作看

雜慮如何亦謂之私欲先生曰畢竟從好
色好利好名等根上起自尋其根便見如
汝心中決知是無有做劫盜的思慮何也
以汝元無是心也汝若於貨色名利等心
一切皆如不做劫盜之心一般都消滅了
光光只是心之本體看有甚閑思慮此便
是寂然不動便是未發之中便是廓然大
公自然感而遂通自然發而中節自然物

志至氣次孟子公孫丑上篇語

先儒—論語子罕篇有鄙夫問章集注程子曰聖人之言必降而自卑不如此則人不親賢人之言引而自高不如此則道不尊觀於孔子孟子則可見矣○

○下卷五十六版曰先生譬如泰山在前有不知仰者須是無

來順應

問志至氣次先生曰志之所至氣亦至焉之謂非極至次貳之謂持其志則養氣在其中無暴其氣則亦持其志矣孟子救告子之偏故如此夾持說

問先儒曰聖人之道必降而自卑賢人之言則引而自高如何先生曰不然如此卻是僞也聖人如天無往而非天三光之上天

盲人先生曰泰山不如平地大平地有何可見云是聖賢之辨也

九地孫子軍形篇曰藏於九地九地之下注曰言深也

程子語出外書蘇季明問條近思錄中庸輯略等並載之○延平語出延平答問及伊洛淵源錄

也九地之下亦天也天何嘗有降而自卑此所謂大而化之也賢人如山嶽守其高而已然百仞者不能引而爲千仞千仞者不能引而爲萬仞是賢人未嘗引而自高也引而自高則僞矣

問伊川謂不當於喜怒哀樂未發之前求中延平卻教學者看未發之前氣象何如先生曰皆是也伊川恐人於未發前討箇中

吾向一卷内廿九版今人存心只定得氣當其寧靜時亦只是氣寧靜不可以爲未發之中云云又曰定者心之本体天理也動靜所遇時也

把中做一物看如吾向所謂認氣定時做中故令只於涵養省察上用功延平恐人未便有下手處故令人時時刻刻求未發前氣象使之正目而視惟此傾耳而聽惟此即是戒愼不睹恐懼不聞的工夫皆古人不得已誘人之言也

澄問喜怒哀樂之中和其全體常人固不能有如一件小事當喜怒者平時無有喜怒

之心至其臨時亦能中節亦可謂之中和
乎先生曰在一時一事固亦可謂之中和
然未可謂之大本達道人性皆善中和是
人人原有的豈可謂無但常人之心既有
所昏蔽則其本體雖亦時時發見終是暫
明暫滅非其全體大用矣無所不中然後
謂之大本無所不和然後謂之達道惟天
下之至誠然後能立天下之大本曰澄於

自心体認ー此卷七十七版劉観時問條當並案之孟子公孫丑問何謂浩然之氣曰難言也程子曰觀此一言則孟子之實有是氣可知矣予於先生亦言之

大用全集作瑩徹

中字之義尚未明曰此須自心體認出來非言語所能喻中只是天理曰何者爲天理曰去得人欲便識天理曰天理何以謂之中曰無所偏倚曰無所偏倚是何等氣象曰如明鏡然全體瑩徹略無纖塵染著曰偏倚是有所染著如著在好色好利好名等項上方見得偏倚若未發時美色名利皆未相著何以便知其有所偏倚曰雖

未相著然平日好色好利好名之心原未嘗無既未嘗無即謂之有既謂之有則亦不可謂無偏倚譬之病瘧之人雖有時不發而病根原不曾除則亦不得謂之無病之人矣須是平日好色好利好名等項一應私心掃除蕩滌無復纖毫留滯而此心全體廓然純是天理方可謂之喜怒哀樂未發之中方是天下之大本

應　俗語詞中卷百五版一丁

應言行同

顔子沒而聖學不傳是文録第二別湛甘泉序中之語今案象山集要第五曰夫子所分付顔子事業亦竟不復傳也然象山專在事業上論之與王子所説異

喟然嘆見語子罕篇

文王一孟子離婁下曰文王視民如傷望道而未見之

問顔子沒而聖學亡此語不能無疑先生曰見聖道之全者惟顔子觀喟然一嘆可見其謂夫子循循然善誘人博我以文約我以禮是見破後如此說博文約禮如何是善誘人學者須思之道之全體聖人亦難以語人須是學者自修自悟顔子雖欲從之末由也已即文王望道未見意望道未見乃是眞見顔子沒而聖學之正派遂不

盡傳矣

問身之主爲心心之靈明是知知之發動是意意之所著爲物是如此否先生曰亦是

只存得此心常見在便是學過去未來事思之何益徒放心耳

言語無序亦足以見心之不存

尚謙問孟子之不動心與告子異先生曰告子是硬把捉著此心要他不動孟子卻是

沖漠々者出二十六版

集義到自然不動又曰心之本體原自不動心之本體即是性性即是理性元不動理元不動集義是復其心之本體

萬象森然時亦冲漠無朕冲漠無朕即萬象森然冲漠無朕者一之父萬象森然者精之母一中有精精中有一

心外無物如吾心發一念孝親即孝親便是物

先生曰今爲吾所謂格物之學者尚多流於口耳況爲口耳之學者能反於此乎天理人欲其精微必時時用力省察克治方日漸有見如今一說話之間雖口講天理不知心中倏忽之間已有多少私欲蓋有竊發而不知者雖用力察之尚不易見況徒口講而可得盡知乎今只管講天理來頓放著不循講人欲來頓放著不去豈格物

頓放語録解義曰安置也

致知之學後世之學其極至只做得箇義
襲而取的工夫

問格物先生曰格者正也正其不正以歸於
正也

問知止者知至善只在吾心元不在外也而
后志定曰然

問格物於動處用功否先生曰格物無間動
靜靜亦物也孟子謂必有事焉是動靜皆

自格物〜究此意先生大學問及文錄第七親民堂記詳盡又第九卷書朱子禮卷一編并見其實用

仁者云云 程子語見下文

有事

工夫難處全在格物致知上此卽誠意之事意旣誠大段心亦自正身亦自修但正心修身工夫亦各有用力處修身是已發邊正心是未發邊心正則中身修則和

自格物致知至平天下只是一箇明明德雖親民亦明德事也明德是此心之德卽是仁仁者以天地萬物爲一體使有一物失

案朱子大學或問既有此說然與先生所說意自別

所便是吾仁有未盡處

只說明明德而不說親民便似老佛

至善者性也性元無一毫之惡故曰至善止

之是復其本然而已

問知至善即吾性吾性具吾心吾心乃至善

所止之地則不爲向時之紛然外求而志

定矣定則不擾擾而靜靜而不妄動則安

安則一心一意只在此處千思萬想務求

程子丨明道先生語近思録第一
識之是本禮記禮運篇聖人
以天下為一家以中國為一
人之謂
墨氏丨事見孟子滕文公下

必得此至善是能慮而得矣如此說是否
先生曰大略亦是
問程子云仁者以天地萬物為一體何墨氏
兼愛反不得謂之仁先生曰此亦甚難言
須是諸君自體認出來始得仁是造化生
生不息之理雖瀰漫周遍無處不是然其
流行發生亦只有箇漸所以生生不息如
冬至一陽生必自一陽生而後漸漸至於

六陽若無一陽之生豈有六陽陰亦然惟其斷所以便有箇發端處惟其有箇發端處所以生惟其生所以不息譬之木其始抽芽便是木之生意發端處抽芽然後發榦發榦然後生枝生葉然後是生生不息若無芽何以有榦有枝葉能抽芽必是下面有箇根在有根方生無根便死無根何從抽芽父子兄弟之愛便是人心生意發

愛無差等施由親始是墨氏之學而孟子辟之見滕文公上篇

論語學而曰孝弟也者其為仁之本與

延平李先生名侗字愿仲是語見延平答問論語公冶長篇集註亦載之

端處如木之抽芽自此而仁民而愛物便是發幹生枝生葉墨氏兼愛無差等將自家父子兄弟與途人一般看便自沒了發端處不抽芽便知得他無根便不是生生不息安得謂之仁孝弟為仁之本卻是仁理從裏面發生出來

問延平云當理而無私心當理與無私心如何分別先生曰心即理也無私心即是當

理未當理便是私心若析心與理言之恐亦未善又問釋氏於世間一切情欲之私都不染著似無私心但外棄人倫却似未當理曰亦只是一統事都只是成就他一箇私已的心

右元靜所錄 凡八十條

侃姓薛字尚謙王先生門人是
以下薛侃所錄
出入無時一語出孟子盡心上此
卷三十七版澄問操存舍亡條
詳明備

侃問持志如心痛一心在痛上安有工夫說閑話管閑事先生曰初學工夫如此用亦好但要使知出入無時莫知其鄉心之神明原是如此工夫方有著落若只死死守著恐於工夫上又發病

侃問專涵養而不務講求將認欲作理則如之何先生曰人須是知學講求亦只是涵養不講求只是涵養之志不切曰何謂知

學曰且道爲何而學學箇甚曰嘗聞先生教學是學存天理心之本體卽是天理體認天理只要自心地無私意曰如此則只須克去私意便是又愁甚理欲不明曰正恐這些私意認不眞曰總是志未切志切目視耳聽皆在此安有認不眞的道理是非之心人皆有之不假外求講求亦只是體當自心所見不成去心外別有箇見

易益大象曰風雷益君子以見善則遷有過則改

先生問在坐之友比來工夫何似一友舉虛明意思先生曰此是說光景一友敘今昔異同先生曰此是說效驗二友惘然請是先生曰吾輩今日用功只是要爲善之心真切此心真切見善卽遷有過卽改方是真切工夫如此則人欲日消天理日明若只管求光景說效驗卻是助長外馳病痛不是工夫

朋友觀書多有摘議晦庵者先生曰是有心求異卽不是吾說與晦庵時有不同者爲入門下手處有毫釐千里之分不得不辨然吾之心與晦庵之心未嘗異也若其餘文義解得明當處如何動得一字

希淵問聖人可學而至然伯夷伊尹於孔子才力終不同其同謂之聖者安在先生曰聖人之所以爲聖只是其心純乎天理而

無人欲之雜猶精金之所以爲精但以其成色足而無銅鉛之雜也人到純乎天理方是聖金到足色方是精然聖人之才力亦有大小不同猶金之分兩有輕重堯舜猶萬鎰文王孔子猶九千鎰禹湯武王猶七八千鎰伯夷伊尹猶四五千鎰才力不同而純乎天理則同皆可謂之聖人猶分兩雖不同而足色則同皆可謂之精金以

五千鎰者而入於萬鎰之中其足色同也
以夷尹而厠之堯孔之間其純乎天理同
也蓋所以爲精金者在足色而不在分兩
所以爲聖者在純乎天理而不在才力也
故雖凡人而肯爲學使此心純乎天理則
亦可爲聖人猶一兩之金比之萬鎰分兩
雖懸絶而其到足色處可以無愧故曰人
皆可以爲堯舜者以此學者學聖人不過

是去人欲而存天理耳猶錬金而求其足
色金之成色所爭不多則煅錬之工省而
功易成成色愈下則煅錬愈難人之氣質
清濁粹駁有中人以上中人以下其於道
有生知安行學知利行其下者必須人一
已百人十已千及其成功則一後世不知
作聖之本是純乎天理卻專去知識才能
上求聖人以爲聖人無所不知無所不能

我須是將聖人許多知識才能逐一理會始得故不務去天理上著工夫徒弊精竭力從冊子上鑽研名物上考索形迹上比擬知識愈廣而人欲愈滋才力愈多而天理愈蔽正如見人有萬鎰精金不務煅鍊成色求無愧於彼之精純而乃妄希分兩務同彼之萬鎰錫鉛銅鐵雜然而投分兩愈增而成色愈下既其梢末無復有金矣

案此卷六十四五版推盡此條之餘意

求日減一此卷六十八版因論先生之門某人在涵養上用功條可並案

時曰仁在傍曰先生此喻足以破世儒支離之惑大有功於後學先生又曰吾輩用功只求日減不求日增減得一分人欲便是復得一分天理何等輕快脫洒何等簡易

士德問曰格物之說如先生所教明白簡易人人見得文公聰明絕世於此反有未審何也先生曰文公精神氣魄大是他早年

合下便要繼往開來故一向只就考索著述上用功若先切己自修自然不暇及此到得德盛後果憂道之不明如孔子退修六籍刪繁就簡開示來學亦大段不費甚考索文公早歲便著許多書晩年方悔是倒做了士德曰晩年之悔如謂向來定本之誤又謂雖讀得書何益於吾事又謂此與守書籍泥言語全無交涉是他到此方

繼往　張横渠曰爲去聖繼絶學爲萬世開太平○朱子中庸序曰繼往聖開來學

下卷五十版孔子氣魄極大章可并案

案孔子盛時欲行道於天下而周流于四方及其知終不可行之當世也不得已而退修六籍以詔後也耳修六籍者夫子不得已之所爲非其素志

向來定本　朱子答黄直卿書中語○雖讀書　答呂子約書中語○守書籍　答何叔京書中語共見本集而晩年定論並載之

就簡　和版誤作就間今改之

悔從前用功之錯方去切己自修矣曰然此是文公不可及處他力量大一悔便轉可惜不久即去世平日許多錯處皆不及改正

侃去花間艸因曰天地間何善難培惡難去先生曰未培未去耳少間曰此等看善惡皆從軀殼起念便會錯侃未達曰天地生意花艸一般何曾有善惡之分子欲觀花

則以花爲善以艸爲惡如欲用艸時復以艸爲善矣此等善惡皆由汝心好惡所生故知是錯曰然則無善無惡乎曰無善無惡者理之靜有善有惡者氣之動不動於氣即無善無惡是謂至善曰佛氏亦無善無惡何以異曰佛氏著在無善無惡上便一切都不管不可以治天下聖人無善無惡只是無有作好無有作惡不動於氣然

書洪範皇極曰無有作好遵王之道無有作惡遵王之路無偏無黨王道蕩蕩無黨無偏王道平平無反無側王道正直會其有極歸其有極

易泰大象曰宰成天地之道輔相天地之宜

遵王之道會其有極便自一循天理便有箇裁成輔相曰艸既非惡卽艸不宜去矣曰如此却是佛老意見艸若有礙何妨汝去曰如此又是作好作惡曰不作好惡非是全無好惡却是無知覺的人謂之不作者只是好惡一循於理不去又著一分意思如此卽是不曾好惡一般曰去艸如何是一循於理不著意思曰艸有妨礙理亦

宜去去之而已偶未即去亦不累心若著
了一分意思卽心體便有貽累便有許多
動氣處曰然則善惡全不在物曰只在汝
心循理便是善動氣便是惡曰畢竟物無
善惡曰在心如此在物亦然世儒惟不知
此舍心逐物將格物之學錯看了終日馳
求於外只做得箇義襲而取終身行不著
習不察曰如好好色如惡惡臭則如何曰

此正是一循於理是天理合如此本無私
意作好作惡曰如好好色如惡惡臭安得
非意曰却是誠意不是私意誠意只是循
天理雖是循天理亦著不得一分意故有
所忿懥好樂則不得其正須是廓然大公
方是心之本體知此即知未發之中伯生
曰先生云艸有妨礙理亦宜去緣何又是
軀殼起念曰此須汝心自體當汝要去艸

是甚麼心周茂叔窓前艸不除是甚麼心
先生謂學者曰爲學須得箇頭腦工夫方有著落縱未能無間如舟之有舵一提便醒不然雖從事於學只做箇義襲而取只是行不著習不察非大本達道也又曰見得時橫說豎說皆是若於此處通於彼處不通只是未見得

或問爲學以親故不免業舉之累先生曰以

近思第十四明道先生曰周茂叔窓前草不除去問之云與自家意思一般

文録第五寄聞人邦英邦正第二書曰謂舉業與聖人之學相戾者非也程子云心苟不忘則雖應接俗事莫非實學無非道也而況於舉業乎謂舉業與聖人之學不相戾者亦非也程子云心苟忘之則雖終身由之只是俗事而況於舉業乎忘與不忘之間不能以髮要在深思默識所指謂不忘者果何事耶知此則知學云云〇外集八示徐曰仁應試曰君子窮達一聽於天但既業舉子便須入

場亦事宜爾若期在必得以自窘辱則大惑矣入場日切勿以得失橫在胸中令人氣餒志分非徒無
益又害之場中作文先須大開心目見得題意大槩了即放膽下筆縱昧出處詞氣亦條暢今人入
場有志氣局促不舒展者是失得之念為之病也夫心無二用一念在得一念在失一念在文字是三
用矣所事寧有成耶只是執事
不敬便是人事有未盡處雖或
幸成君子有所不貴也云云〇
近思錄出處類問家貧親老應
舉求仕不免有得失之累何脩
可以免之伊川先生曰此只是
志不勝氣云　云
先正又明道先生曰科舉之
事不患妨功惟患奪志
崇一姓歐陽名德先生門人
〇下巻五十一版曰今人於喫
飯時雖無一事在前其心常役
役不寧只緣此心忙慣了所以
收攝不住

親之故而業舉為累於學則治田以養其
親者亦有累於學乎先正云惟患奪志但
恐為學之志不眞切耳
崇一問尋常意思多忙有事固忙無事亦忙
何也先生曰天地氣機元無一息之停然
有箇主宰故不先不後不急不緩雖千變
萬化而主宰常定人得此而生若主宰定
時與天運一般不息雖酬酢萬變常是從

所謂范浚心箴之語五十字盡心集註載之

容自在所謂天君泰然百體從令若無主宰便只是這氣奔放如何不私

先生曰爲學大病在好名偘曰從前歲自謂此病已輕比來精察乃知全未豈必務外爲人只聞譽而喜聞毀而悶即是此病發來曰最是名與實對務實之心重一分則務名之心輕一分全是務實之心即全無務名之心若務實之心如饑之求食渴之

疾沒世ノ出論語衛靈公篇
聲聞ノ出孟子離婁下篇
四十五十ノ出論語子罕篇
是聞也ノ出同顏淵篇
精金喻聖 出上文

求飲安得更有工夫好名又曰疾沒世而名不稱稱字去聲讀亦聲聞過情君子恥之之意實不稱名生猶可補沒則無及矣四十五十而無聞是不聞道非無聲聞也孔子云是聞也非達也安肯以此望人

侃多悔先生曰悔悟是去病之藥然以改之爲貴若留滯於中則又因藥發病

德章曰聞先生以精金喻聖以分兩喻聖人

之分量以鍛錬喩學者之工夫最爲深切
惟謂堯舜爲萬鎰孔子爲九千鎰疑未安
先生曰此又是軀殼上起念故替聖人爭
分兩若不從軀殼上起念卽堯舜萬鎰不
爲多孔子九千鎰不爲少堯舜萬鎰只是
孔子的孔子九千鎰只是堯舜的原無彼
我所以謂之聖只論精一不論多寡只要
此心純乎天理處同便同謂之聖若是力

人人具足箇箇圓成是達磨語出六門集

量氣魄如何盡同得後儒只在分兩上較量所以流入功利若除去了比較分兩的心各人儘著自已力量精神只在此心純天理上用功即人人自有箇箇圓成便能大以成大小以成小不假外慕無不具足此便是實實落落明善誠身的事後儒不明聖學不知就自已心地良知良能上體認擴充卻去求知其所不知求能其所不

案先儒謂程朱共有此說然文録第四答倫彥式書曰心無動靜者也其靜也者以言其体也其動也者以言其用也云云又曰心一而已靜其体也動其用也云云是似與此條相反然不泥言語而善觀其意者就本文求其義於自己心上則實見其不相反

能一味只是希高慕大不知自己是桀紂心地動輒要做堯舜事業如何做得終年碌碌至於老死竟不知成就了箇甚麼可哀也已

侃問先儒以心之靜爲體心之動爲用如何

先生曰心不可以動靜爲體用動靜時也即體而言用在體即用而言體在用是謂體用一源若說靜可以見其體動可以見

語出論語陽貨集注程子以自暴自棄為下愚亦此意

事見論語子張篇

論語首章說明白簡易無過之者與集注合考當入口知其味

其用卻不妨

問上智下愚如何不可移先生曰不是不可移只是不肯移

問子夏門人問交章先生曰子夏是言小子之交子張是言成人之交若善用之亦俱是

子仁問學而時習之不亦說乎先儒以學為效先覺之所為如何先生曰學是學去人

正諸先覺考諸古訓文錄示弟立志說説此意極切實○考諸古訓出書伊訓

坐如尸一立如齊一論語集註兩上蔡說本禮記曲禮語

理義之說我心猶芻豢之悅我口出孟子告子上

欲存天理從事於去人欲存天理則自正諸先覺考諸古訓自下許多問辨思索存省克治工夫然不過欲去此心之人欲存吾心之天理耳若曰效先覺之所爲則只說得學中一件事亦似專求諸外了時習者坐如尸非專習坐也坐時習此心也立如齋非專習立也立時習此心也說是理義之說我心之說人心本自說理義如目

三省出學而一貫出里仁案三省即一貫之功夫而忠恕之事也

本説色耳本説聲惟爲人欲所蔽所累始有不説今人欲日去則理義日洽浹安得不説

國英問曾子三省雖切恐是未聞一貫時工夫先生曰一貫是夫子見曾子未得用功之要故告之學者果能忠恕上用功豈不是一貫一如樹之根本貫如樹之枝葉未種根何枝葉之可得體用一源體未立用

曾子 於其用之一 集註語

汝與回 出公冶長 多學 出衛靈公

顏子 語出公冶長

安從生謂曾子於其用處蓋已隨事精察而力行之但未知其體之一此恐未盡

黄誠甫問汝與回也孰愈章先生曰子貢多學而識在聞見上用功顏子在心地上用功故聖人問以啓之而子貢所對又只在知見上故聖人嘆惜之非許之也

顏子不遷怒不貳過亦是有未發之中始能

種樹者必培其根種德者必養其心欲樹之

小學及近思錄載明道先生曰憂子弟之輕俊者只教以經學念書不得令作文字子弟凡百玩好皆奪志至書札於儒者事最近然一向好著亦自喪志○又載明道先生以記誦博識為玩物喪志云云皆須並案

長必於始生時刪其繁枝欲德之盛必於始學時去夫外好如外好詩文則精神日漸漏泄在詩文上去凡百外好皆然又曰我此論學是無中生有的工夫諸公須要信得及只是立志學者一念為善之志如樹之種但勿助勿忘只管培植將去自然日夜滋長生氣日完枝葉日茂樹初生時便抽繁枝亦須刊落然後根幹能大初學

立志貴專一。孟子弈秋之喩。先生每稱之。文錄中散在。可並參考。

見成卷內五十九版求日減不求日增之意。○象山集要第五語類仲云。風恬浪靜中滋味深長。人資性長短雖不同。然同進一步則皆得。同退一步則皆失。

時亦然。故立志貴專一。

因論先生之門某人在涵養上用功。某人在識見上用功。先生曰。專涵養者日見其不足。專識見者日見其有餘。日不足者日有餘矣。日有餘者日不足矣。

梁日孚問。居敬窮理是兩事。先生以爲一事。何如。先生曰。天地間只有此一事。安有兩事。若論萬殊。禮儀三百。威儀三千。又何止兩公且道居敬是如何窮理是如何曰居敬是存養工夫窮理是窮事物之理曰存養箇甚曰是存養此心之天理曰如此亦只是窮理矣曰且道如何窮事物之理曰如事親便要窮孝之理事君便要窮忠之理曰忠與孝之理在君親身上在自己心上若在自己心上亦只是窮此心之理矣且道如何是敬曰只是主一如何是主一曰

如讀書便一心在讀書上接事便一心在
接事上曰如此則飲酒便一心在飲酒上
好色便一心在好色上卻是逐物成甚居
敬功夫日孚請問曰一者天理主一是一
心在天理上若只知主一不知一即是理
有事時便是逐物無事時便是著空惟其
有事無事一心皆在天理上用功所以居
敬亦即是窮理就窮理專一處說便謂之

右出坤文言

居敬就居敬精密處說便謂之窮理卻不是居敬了別有箇心窮理窮理時別有箇心居敬名雖不同功夫只是一事就如易言敬以直內義以方外敬卽是無事時義義卽是有事時敬兩句合說一件如孔子言修己以敬卽不須言義孟子言集義卽不須言敬會得時橫說豎說工夫總是一般若泥文逐句不識本領卽支離決裂工

窮理盡性以至於命易說卦傳語

孟子盡心下曰人皆有所不忍達之於其所忍仁也人皆有所不為達之於其所為義也人能充無欲害人之心而仁不可勝用也人能充無穿窬之心而義不可勝用也云云

先儒謂一程伊川語朱子大學或問亦引之

論語憲問篇子貢方人子曰賜也賢乎哉夫我則不暇

中庸曰唯天下至誠為能盡其性能盡其性則能盡人之性能盡人之性則能盡物之性云云

夫都無下落問窮理何以即是盡性曰心之體性也性即理也窮仁之理眞要仁極仁窮義之理眞要義極義仁義只是吾性故窮理即是盡性如孟子說充其惻隱之心至仁不可勝用這便是窮理工夫日孚曰先儒謂一艸一木亦皆有理不可不察如何先生曰夫我則不暇公且先去理會自己性情須能盡人之性然後能盡物之

孟子盡心上曰人之所不學而能者其良能也所不慮而知者其良知也孩提之童無不知愛其親及其長也無不知敬其兄親親仁也敬長義也無他達之天下也

性。日孚悚然有悟。

惟乾問知如何是心之本體。先生曰知是理之靈處。就其主宰處說便謂之心。就其稟賦處說便謂之性。孩提之童無不知愛其親。無不知敬其兄。只是這箇靈能不爲私欲遮隔。充拓得盡。便完完是他本體。便與天地合德。自聖人以下不能無蔽。故須格物以致其知。

大學工夫丨是古本大學序之語而傳習錄中卷答聶文蔚第二書明辨此意

守衡問大學工夫只是誠意誠意工夫只是格物修齊治平只誠意盡矣又有正心之功有所忿懥好樂則不得其正何也先生曰此要自思得之知此則知未發之中矣守衡再三請曰為學工夫有淺深初時若不著實用意去好善惡惡如何能為善去惡這著實用意便是誠意然不知心之本體原無一物一向著意去好善惡惡便又

書語出洪範篇

鑑空衡平朱子大學或問以説心

案正之之問則朱子章句之意也而雖朱説亦非如是斷然偏着中和集説所載可以見之然到剖判精微之處則有亦不免支離間斷之病者不可不察

多了這分意思便不是廓然大公書所謂無有作好作惡方是本體所以説有所忿懥好樂則不得其正正心只是誠意工夫裏面體當自家心體常要鑑空衡平這便是未發之中

正之問戒懼是己所不知時工夫愼獨是己所獨知時工夫此説如何先生曰只是一箇工夫無事時固是獨知有事時亦是獨

知人若不知於此獨知之地用力只在人所共知處用功便是作僞便是見君子而後厭然此獨知處便是誠的萌芽此處不論善念惡念更無虛假一是百是一錯百錯正是王霸義利誠僞善惡界頭於此一立立定便是端本澄源便是立誠古人許多誠身的工夫精神命脉全體只在此處眞是莫見莫顯無時無處無終無始只是

此箇工夫今若又分戒懼爲己所不知卽工夫便支離便有間斷既戒懼卽是知己若不知是誰戒懼如此見解便要流入斷滅禪定曰不論善念惡念更無虚假則獨知之地更無無念時邪曰戒懼亦是念戒懼之念無時可息若戒懼之心稍有不存不是昏瞶便已流入惡念自朝至暮自少至老若要無念卽是己不知此除是昏睡

荀子 不苟篇曰君子養心莫善於誠致誠則無他事矣
先儒 | 遺書程子曰孟子言養心莫善於寡欲寡欲則心自誠荀子言養心莫善於誠既誠矣又何養此已不識誠又不知所以養

吹毛求疵 | 漢武紀摧抑諸侯王奏其過惡吹毛求疵
意見 陸象山毎以是断當時之學徽集中多有之 言非實心体當者而彷彿於意想測見之間者也然朱子却發辨之 文集答呂伯恭書及語類百二十四巻其説多見益朱陸所見其旨各異而 王子則從陸子者也

除是槁木死灰

志道問荀子云養心莫善於誠先儒非之何也先生曰此亦未可便以爲非誠字有以工夫說者誠是心之本體求復其本體便是思誠的工夫明道說以誠敬存之亦是此意大學欲正其心先誠其意荀子之言固多病然不可一例吹毛求疵大凡看人言語若先有箇意見便有過當處爲富不

孟子滕文公上陽虎曰爲富不仁矣爲仁不富矣

仁之言孟子有取於陽虎此便見聖賢大公之心

蕭惠問己私難克奈何先生曰將汝己私來替汝克先生曰人須有爲己之心方能克己能克己方能成己蕭惠曰惠亦頗有爲己之心不知緣何不能克己先生曰且說汝有爲己之心是如何惠良久曰惠亦一心要做好人便自謂頗有爲己之心今思

美色目盲至發狂出老子經五色音二美字共作五

之看來亦只是爲得箇軀殼的己不曾爲箇眞己先生曰眞己何曾離著軀殼恐汝連那軀殼的己也不曾爲且道汝所謂軀殼的己豈不是耳目口鼻四肢惠曰正是爲此目便要色耳便要聲口便要味四肢便要逸樂所以不能克先生曰美色令人目盲美聲令人耳聾美味令人口爽馳騁田獵令人發狂這都是害汝耳目口鼻四

肢的豈得是爲汝耳目口鼻四肢若爲著
耳目口鼻四肢時便須思量耳如何聽目
如何視口如何言四肢如何動必須非禮
勿視聽言動方才成得箇耳目口鼻四肢
這箇不是爲著耳目口鼻四肢汝今終日
向外馳求爲名爲利這都是爲著軀殼外
面的物事汝若爲著耳目口鼻四肢要非
禮勿視聽言動時豈是汝之耳目口鼻四

發竅於目語出素問金櫃真言論

肢自能勿視聽言動須由汝心這視聽言動皆是汝心汝心之視發竅於目汝心之聽發竅於耳汝心之言發竅於口汝心之動發竅於四肢若無汝心便無耳目口鼻所謂汝心亦不專是那一團血肉若是那一團血肉如今已死的人那一團血肉還在緣何不能視聽言動所謂汝心卻是那能視聽言動的這箇便是性便是天理有

這箇性才能生這性之生理便謂之仁這性之生理發在目便會視發在耳便會聽發在口便會言發在四肢便會動都只是那天理發生以其主宰一身故謂之心這心之本體原只是箇天理原無非禮這箇便是汝之眞己這箇眞己是軀殼的主宰若無眞己便無軀殼眞是有之即生無之即死汝若眞爲那箇軀殼的己必須用著

這箇身己便須常常保守著這箇身己的本體戒愼不覩恐懼不聞惟恐虧損了他一些才有一毫非禮萌動便如刀割如針刺忍耐不過必須去了刀拔了針這才是有爲己之心方能克己汝今正是認賊作子緣何卻說有爲己之心不能克己

有一學者病目戚戚甚憂先生曰爾乃貴目賤心

篤志於二氏事詳於年譜弘治元年先生十七歲至三十一歲之下

居夷三十七歲事見於年譜正德三四五年之下

土苴—莊子土苴以治天下注不眞物也

鵷鶵—莊子秋水篇曰夫鵷鶵發於南海而飛於北海非梧桐不止非練實不食非醴泉不飲

蕭惠好仙釋先生警之曰吾亦自幼篤志二氏自謂既有所得謂儒者爲不足學其後居夷三載見得聖人之學若是其簡易廣大始自嘆悔錯用了三十年氣力大抵二氏之學其妙與聖人只有毫釐之間汝今所學乃其土苴輒自信自好若此眞鵷鶵竊腐鼠耳惠請問二氏之妙先生曰向汝說聖人之學簡易廣大汝卻不問我悟的

於是鴟得腐鼠鵷雛過之仰視之曰嚇注嚇恐奪其食而為此聲也

啞子喫苦瓜出禪録方言也

只問我悔的惠慚謝請問聖人之學先生曰汝今只是了人事問待汝辦箇眞要求爲聖人的心來與汝說惠再三請先生曰已與汝一句道盡汝尚自不會

劉觀時問未發之中是如何先生曰汝但戒愼不覩恐懼不聞養得此心純是天理便自然見觀時請略示氣象先生曰啞子喫苦瓜與你說不得你要知此苦還須你自

論語先進篇季路問死子曰未知生焉知死先生答蕭惠亦是此意而如此知豈不與行合一乎與彼窮格事物之理者其味自別真是聖門平統學問

息有養瞬有存　横渠語出正蒙

喫時曰仁在傍曰如此才是真知即是行矣一時在座諸友皆有省

蕭惠問死生之道先生曰知晝夜即知死生問晝夜之道曰知晝則知夜曰晝亦有所不知乎先生曰汝能知晝懵懵而興蠢蠢而食行不著習不察終日昏昏只是夢晝惟息有養瞬有存此心惺惺明明天理無一息間斷才是能知晝這便是天德便是

通乎晝夜ㄧ是易係辭語
舊說中庸首章之章句語
文録八脩道説曰率性之謂道
誠者也脩道之謂教誠之者也
故曰自誠明謂之性自明誠謂
之教中庸爲誠之者而作脩道
之事也道也者性也不可須臾
離也而過焉不及焉離也是故
君子有脩道之功戒慎乎其所
不睹恐懼乎其所不聞微之顯
誠之不可掩也脩道之功若是
其無間誠之也夫然後喜怒哀
樂之未發謂之中發而皆中節
謂之和道脩而性復矣致中和
則大本立而達道行知天地之
化育矣非至誠盡性其孰能與
於此哉是脩道之極功也而世之言脩道者離矣故特著其說
（以下巻十六版亦詳說）

通乎晝夜之道而知更有甚麼死生

馬子莘問修道之教舊說謂聖人品節吾性之固有以爲法於天下若禮樂刑政之屬此意如何先生曰道卽性卽命本是完完全全增減不得不假修飾的何須要聖人品節卻是不完全的物件禮樂刑政是治天下之法固亦可謂之教但不是子思本旨若如先儒之說下面由教入道的緣何

今于聖人禮樂刑政之教別說出一段戒愼恐懼工夫却是聖人之教爲虛設矣予華請問先生曰子思性道教皆從本原上說天命於人則命便謂之性率性而行則性便謂之道修道而學則道便謂之教率性是誠者事所謂自誠明謂之性也修道是誠之者事所謂自明誠謂之教也聖人率性而行即是道聖人以下未能率性於

天道ー禮記仲尼閒居天有四時春夏秋冬風雨霜露無非教也

脩道以仁中庸二十章文

道未免有過不及故須修道修道則賢知者不得而過愚不肖者不得而不及都要循著這箇道則道便是箇教此教字與天道至教風雨霜露無非教也之教同修道字與修道以仁同人能修道然後能不違於道以復其性之本體則亦是聖人率性之道矣下面戒慎恐懼便是修道的工夫中和便是復其性之本體如易所謂窮理

孔子告顏淵語見衛靈公篇
孟子公孫丑上云冉牛閔子顏淵則具體而微云云

盡性以至於命中和位育便是盡性至命
貫誠甫問先儒以孔子告顏淵爲邦之問是立萬世常行之道如何先生曰顏子具體聖人其於爲邦的大本大原都已完備夫子平日知之已深到此都不必言只就制度文爲上說此等處亦不可忽略須要是如此方盡善又不可因自己本領是當了便於防範上疎闊須是要放鄭聲遠佞人

幫補幇恐幫字字彙音邦襯幫治鞋履也或曰多出佛書幫助也

、

○為政在一人云云中庸語

蓋顏子是箇克己向裏德上用心的人孔子恐其外面末節或有疎略故就他不足處幫補說若在他人須告以為政在人取人以身修身以道修道以仁達道九經及誠身許多工夫方始做得這箇方是萬世常行之道不然只去行了夏時乘了殷輅服了周冕作了韶舞天下便治得後人但見顏子是孔門第一人又問箇為邦便把

做天下大事看了

蔡希淵問文公大學新本先格致而後誠意工夫似與首章次第相合若如先生從舊本之說即誠意反在格致之前於此尚未釋然先生曰大學工夫即是明明德明明德只是箇誠意誠意的工夫只是格物致知若以誠意爲主去用格物致知的工夫即工夫始有下落即爲善去惡無非是誠

添箇敬字朱子大學或問所說是此意

意的事如新本先去窮格事物之理即茫茫蕩蕩都無著落處須用添箇敬字方才牽扯得向身心上來然終是沒根源若須用添箇敬字緣何孔門倒將一箇最緊要的字落了直待千餘年後要人來補出正謂以誠意爲主即不須添敬字所以提出箇誠意來說正是學問的大頭腦處於此不察眞所謂毫釐之差千里之繆大抵中

畫蛇添足史記楚世家陳軫曰今君已為令尹矣此國冠之上臣請譬之人有遺其舍人一卮酒者舍人相謂曰數人飲此不足以徧請遂畫地為蛇蛇先成者獨飲之一人曰吾蛇先成舉酒吾能為之足而後成人奪之酒而飲之曰蛇固無足今為之足非蛇也云云

庸工夫只是誠身誠身之極便是至誠大學工夫只是誠意誠意之極便是至善工夫總是一般今說這裏補箇敬字那裏補箇誠字未免畫蛇添足

右尚謙所錄凡三十五條

傳習錄卷之上

德洪姓錢氏名寬德洪其字也避先世諱以字行號緒山王門上足也王龍溪著之行狀出龍溪全書

答徐成之二書全書外集第五載之而和刻文錄第三卷收之據下文言置二書於外集全書爲是

傳習錄卷之中

德洪曰昔南元善刻傳習錄於越凡二冊下冊摘錄先師手書凡八篇其答徐成之二書吾師自謂天下是朱非陸論定既久一旦反之爲難二書姑爲調停兩可之說使人自思得之故元善錄爲下冊之首者意亦以是與今朱陸之辨明於天下久

淸伯陸澄字即原靜也

四書一今案所謂四書者答周道通書一首及答陸原靜書二首答歐陽崇一書一首共四書也

通答人論學一書前共五書也

矣洪刻先師文錄置二書於外集者示未全也故今不復錄其餘指知行之本體莫詳於答人論學與答周道通陸淸伯歐陽崇一四書而謂格物爲學者用力日可見之地莫詳於答羅整菴一書平生冒天下之非詆推陷萬死一生遑遑然不忘講學惟恐吾人不聞斯道流於功利機智以日墮於夷狄禽獸而不

譊譊字彙乃交切音鐃爭也又多言也

洶洶字彙水勢又水涌聲

覺其一體同物之心譊譊終身至於斃而後已此孔孟以來賢聖苦心雖門人子弟未足以慰其情也是情也莫詳於答聶文蔚之第一書此皆仍元善所錄之舊而揭必有事焉卽致良知功夫明白簡切使人言下卽得入手此又莫詳於答文蔚之第二書故增錄之元善當時洶洶乃能以身明斯道卒至遭奸被

遭奸人被斥　年譜嘉靖五年四月大吉入覲見黜於時致書先生千數百言勤勤懇懇惟以得聞道爲喜急問學爲事恐卒不得爲聖人爲憂略無一字及於得喪榮辱之間

答人論學　案逍本及全書目共作答顧東橋書一本作論學與德洪小序合今從之

東橋名璘字華玉

案年譜茲年嘉靖四年乙酉先生五十四歲在越

膏肓　穴名左傳成公十年緊子曰居膏之上肓之下若我何

斥油油然惟以此生得聞斯學爲幸而絕無有纖介憤鬱不平之氣斯錄之刻人見其有功於同志甚大而不知其處時之甚艱也今所去取裁之時義則然非忍有所加損於其間也

答人論學書

來書云近時學者務外遺內博而寡要故先生特倡誠意一義鍼砭膏肓誠大惠也

吾子洞見時弊如此矣亦將何以救之乎然
則鄙人之心吾子固已一句道盡復何言哉
復何言哉若誠意之說自是聖門教人用功
第一義但近世學者乃作第二義看故稍與
提掇緊要出來非鄙人所能特倡也
來書云但恐立說太高用功太捷後世師
傳影響謬誤未免墜於佛氏明心見性定
慧頓悟之機無怪聞者見疑

區區格致誠正之說是就學者本心日用事爲間體究踐履實地用功是多少次第多少積累在正與空虛頓悟之說相反聞者本無求爲聖人之志又未嘗講究其詳遂以見疑亦無足怪若吾子之高明自當一語之下便瞭然矣乃亦謂立說太高用功太捷何邪

來書云所喻知行並進不宜分別前後即中庸尊德性而道問學之功交養互發內

非謂有等ー據答書謂有之間當有截然二字而字法亦有之爲是然本集亦脱之

能不無ー據來書不字義然全書中所載及異本交錄皆存之

▲已乎ー莊子大宗師曰若化爲物以待其所不知之化已乎

外本末一以貫之之道然工夫次第不能無先後之差如知食乃食知湯乃飲知衣乃服知路乃行未有不見是物先有是事此亦毫釐倏忽之間非謂有等今日知之而明日乃行也

既云交養互發内外本末一以貫之則知行並進之説無復可疑矣又云工夫次第不能（不）無先後之差無乃自相矛盾已乎知食乃

注曰已乎助語也○此卷六十八版暴其忿已乎七十四版輕背於孔已乎皆此類也

即是意即是行之始｜朱子大學誠意章章句曰誠其意者自脩之首

然後之後和版誤作行

食等說此尤明白易見但吾子爲近聞障蔽自不察耳夫人必有欲食之心然後知食欲食之心即是意即是行之始矣食味之美惡必待入口而後知豈有不待入口而已先知食味之美惡者邪必有欲行之心然後知路欲行之心即是意即是行之始矣路岐之險夷必待身親履歷而後知豈有不待身親履歷而已先知路岐之險夷者邪知湯乃飲知

所謂一來書所謂也

俾諸本誤作棵今從之

來乃服以此例之皆無可疑若如吾子之喩是乃所謂不見是物而先有是事者矣吾子又謂此亦毫釐倏忽之間非謂截然有等今日知之而明日乃行也是亦察之尚有未精然就如吾子之說則知行之爲合一並進亦自斷無可疑矣

來書云眞知卽所以爲行不行不足謂之知此爲學者喫緊立教俾務躬行則可若

眞謂行即是知恐其專求本心遂遺物理必有闇而不達之處抑豈聖門知行並進之成法哉

知之眞切篤實處即是行行之明覺精察處即是知知行工夫本不可離只爲後世學者分作兩截用功失卻知行本體故有合一並進之說眞知即所以爲行不行不足謂之知即如來書所云知食乃食等說可見前已畧

朱子亦言具衆理而應萬事本心之外豈亦有物理乎

有孝親之心一中庸曰誠者物之終始不誠無物

言之矣此雖喫緊救弊而發然知行之體本來如是非以己意抑揚其間姑爲是說以苟一時之效者也專求本心遂遺物理此蓋失其本心者也夫物理不外於吾心外吾心而求物理無物理矣遺物理而求吾心吾心又何物邪心之體性也性卽理也故有孝親之心卽有孝之理無孝親之心卽無孝之理矣有忠君之心卽有忠之理無忠君之心卽無

晦庵説出大學或問

忠之理矣理豈外於吾心邪晦菴謂人之所以爲學者心與理而已心雖主乎一身而實管乎天下之理理雖散在萬事而實不外乎一人之心是其一分一合之間而未免已啟學者心理爲二之弊此後世所以有專求本心遂遺物理之患正由不知心卽理耳夫外心以求物理是以有闇而不達之處此告子義外之說孟子所以謂之不知義也心一而

已以其全體惻怛而言謂之仁以其得宜而言謂之義以其條理而言謂之理不可外心以求仁不可外心以求義獨可外心以求理乎外心以求理此知行之所以二也求理於吾心此聖門知行合一之教吾子又何疑乎

來書云所釋大學古本謂致其本體之知此固孟子盡心之旨朱子亦以虛靈知覺爲此心之量然盡心由於知性致知在於

心者諸第一卷ハ欣許

格物

盡心由於知性致知在於格物此語然矣然而推本吾子之意則其所以為是語者尚有未明也朱子以盡心知性知天為物格知致以存心養性事天為誠意正心修身以殀壽不貳修身以俟為知至仁盡聖人之事若鄙人之見則與朱子正相反矣夫盡心知性知天者生知安行聖人之事也存心養性事天

者學知利行賢人之事也殀壽不貳修身以俟者困知勉行學者之事也豈可專以盡心知性爲知存心養性爲行乎吾子驟聞此言必又以爲大駭矣然其間實無可疑者一爲吾子言之夫心之體性也性之原天也能盡其心是能盡其性矣中庸云惟天下至誠爲能盡其性又云知天地之化育質諸鬼神而無疑知天也此惟聖人而後能然故曰此生

知安行聖人之事也存其心者未能盡其心者也故須加存之之功必存之既久不待於存而自無不存然後可以進而言盡蓋知天之知如知州知縣之知知州則一州之事皆己事也知縣則一縣之事皆己事也是與天爲一者也事天則如子之事父臣之事君猶與天爲二也天之所以命於我者心也性也吾但存之而不敢失養之而不敢害如父母

全而生之子全而歸之者也故曰此學知利
行賢人之事也至於殀壽不貳則與存其心
者又有間矣存其心者雖未能盡其心固已
一心於爲善時有不存則存之而已今使之
殀壽不貳是猶以殀壽貳其心者也猶以殀
壽貳其心是其爲善之心猶未能一也存之
尚有所未可而何盡之可云乎今且使之不
以殀壽貳其爲善之心若曰死生殀壽皆有

定命吾但一心於爲善修吾之身以俟天命而已是其平日尚未知有天命也事天雖與天爲二然已眞知天命之所在但惟恭敬奉承之而已耳若俟之云者則尚未能眞知天命之所在猶有所俟者也故曰所以立命立者創立之立如立德立言立功立名之類凡言立者皆是昔未嘗有而今始建立之謂孔子所謂不知命無以爲君子者也故曰此困

捕風ー郊祀志求仙如繫風捕影終不可得

率天下ー孟子滕文公上篇語集註曰路謂奔走道路無時休息也

知勉行學者之事也今以盡心知性知天爲格物致知使初學之士尚未能不貳其心者而遽責之以聖人生知安行之事如捕風捉影茫然莫知所措其心幾何而不至於率天下而路也今世致知格物之弊亦居然可見矣吾子所謂務外遺內博而寡要者無乃亦是過歟此學問最緊要處於此而差將無往而不差矣此鄙人之所以冒天下之非笑忘

玩物喪志書經旅獒語
取其丨其指朱子文集
晚年定論上卷下卷載之而此
卷答羅整庵書論之詳

其身之陷於罪戮呶呶其言有不容已者也
來書云聞語學者乃謂即物窮理之說亦
是玩物喪志又取其厭繁就約涵養本原
數說標示學者指爲晚年定論此亦恐非
朱子所謂格物云者在即物而窮其理也即
物窮理是就事事物物上求其所謂定理者
也是以吾心而求理於事事物物之中析心
與理而爲二矣夫求理於事事物物者如求

孟子公孫丑上曰今人乍見孺子將入於井皆有怵惕惻隱之心

論語雍也宰我問曰仁者雖告之曰井有仁焉其從之也子曰何為其然也云云

孟子離婁上淳于髡曰男女授受不親禮與孟子曰禮也曰嫂溺則援之以手乎曰嫂溺不援是豺狼也云云

孝之理於其親之謂也求孝之理於其親則孝之理其果在於吾之心邪抑果在於親之身邪假而果在於親之身則親沒之後吾心遂無孝之理歟見孺子之入井必有惻隱之理是惻隱之理果在於孺子之身歟抑在於吾心之良知歟其或不可以從之於井歟其或可以手而援之歟是皆所謂理也是果在於孺子之身歟抑果出於吾心之良知歟以

是例之萬事萬物之理莫不皆然是可以知析心與理爲二之非矣夫析心與理而爲二此告子義外之說孟子之所深闢也務外遺内博而寡要吾子既已知之矣是果何謂而然哉謂之玩物喪志尚猶以爲不可歟若鄙人所謂致知格物者致吾心之良知於事事物物也吾心之良知卽所謂天理也致吾心良知之天理於事事物物則事事物物皆得

其理矣致吾心之良知者致知也事事物物
皆得其理者格物也是合心與理而爲一者
也合心與理而爲一則凡區區前之所云與
朱子晚年之論皆可以不言而喻矣

來書云人之心體本無不明而氣拘物蔽
鮮有不昏非學問思辨以明天下之理則
善惡之機眞妄之辨不能自覺任情恣意
其害有不可勝言者矣

觚字彙竹簡也陸士衡文賦或操觚以率爾

此段太畧似是而非蓋承沿舊說之弊不可以不辨也夫學問思辨行皆所以為學未有學而不行者也如言學孝則必服勞奉養躬行孝道而後謂之學豈徒懸空口耳講說而遂可以謂之學孝乎學射則必張弓挾矢引滿中的學書則必伸紙執筆操觚染翰盡天下之學無有不行而可以言學者則學之始固已即是行矣篤者敦實篤厚之意已行矣

而敦篤其行不息其功之謂爾蓋學之不能以無疑則有問問即學也即行也又不能無疑則有思思即學也即行也又不能無疑則有辨辨即學也即行也辨既明矣思既愼矣問既審矣學既能矣又從而不息其功焉斯之謂篤行非謂學問思辨之後而始措之於行也是故以求能其事而言謂之學以求解其惑而言謂之問以求通其說而言謂之思

以求精其察而言謂之辨以求履其實而言謂之行蓋析其功而言則有五合其事而言則一而已此區區心理合一之體知行並進之功所以異於後世之說者正在於是今吾子特舉學問思辨以窮天下之理而不及篤行是專以學問思辨為知而謂窮理為無行也已天下豈有不行而學者邪豈有不行而遂可謂之窮理者邪明道云只窮理便盡性

明道云云 窮理字本出易說卦明道以只便二字活說之王先生所說窮理則以心說之故知行貫在其中蓋亦明道之意朱文公所說特以知識一邊故不貫行在夫不貫行之知豈能盡性以至命哉明道點只便二字是妙解而易意與朱說異亦可見也○明道語出遺書洛陽議論而橫渠朱子並議之其見中庸輯畧下

至命故必仁極仁而後謂之能窮仁之理義極義而後謂之能窮義之理仁極仁則盡仁之性矣義極義則盡義之性矣學至於窮理至矣而尚未措之於行天下寧有是邪是故知不行之不可以爲學則知不行之不可以爲窮理矣知不行之不可以爲窮理則知知行之合一並進而不可以分爲兩節事矣夫萬事萬物之理不外於吾心而必曰窮天下

之理是殆以吾心之良知爲未足而必外求於天下之廣以裨補增益之是猶析心與理而爲二也夫學問思辨篤行之功雖其困勉至於人一己百而擴充之極至於盡性知天亦不過致吾心之良知而已良知之外豈復有加於毫末乎今必曰窮天下之理而不知反求諸其心則凡所謂善惡之機眞妄之辨者舍吾心之良知亦將何所致其體察乎吾

四此字指良知

禮記仲尼燕居云治國而無禮猶瞽之無相與倀倀乎其何之○字彙倀倀無見貌

子所謂氣拘物蔽者拘此蔽此而已今欲去此之蔽不知致力於此而欲以外求是猶目之不明者不務服藥調理以治其目而徒倀倀然求明於其外明豈可以自外而得哉任情恣意之害亦以不能精察天理於此心之良知而已此誠毫釐千里之謬者不容於不辨吾子毋謂其論之太刻也

來書云教人以致知明德而戒其即物窮

深居端坐云云是本王子之深戒然自世儒以陸王之學流為頓悟宗後學者不聞其道不講其學想像臆斷遂以為深居端坐云云之流亦可笑語録中所説不可枚舉答書是亦自明辨

正所以窮理云云——但非朱子所謂窮理耳

理誠使昏闇之士深居端坐不聞教告遂能至於知致而德明乎縱令靜而有覺稍悟本性則亦定慧無用之見果能知古今達事變而致用於天下國家之實否乎其曰知者意之體物者意之用格物如格君心之非之格語雖超悟獨得不踵陳見抑恐於道未相脗合

區區論致知格物正所以窮理未嘗戒人窮

理使之深居端坐而一無所事也若謂即物窮理如前所云務外而遺內者則有所不可耳昏闇之士果能隨事隨物精察此心之天理以致其本然之良知則雖愚必明雖柔必強大本立而達道行九經之屬可一以貫之而無遺矣尚何患其無致用之實乎彼頑空虛靜之徒正惟不能隨事隨物精察此心之天理以致其本然之良知而遺棄倫理寂滅

虛無以爲常是以要之不可以治家國天下
孰謂聖人窮理盡性之學而亦有是弊哉心
者身之主也而心之虛靈明覺即所謂本然
之良知也其虛靈明覺之良知應感而動者
謂之意有知而後有意無知則無意矣知非
意之體乎意之所用必有其物物即事也如
意用於事親即事親爲一物意用於治民即
治民爲一物意用於讀書即讀書爲一物意

格于文祖語出書堯典朱子大
學或問引以證之
有苗來格書大禹謨曰帝乃誕
敷文德舞干羽于兩階七旬有
苗格注誕大也
格其非心語出書冏命篇格字
考出上卷十二版

用於聽訟即聽訟爲一物凡意之所用無有無物者有是意即有是物無是意即無是物矣物非意之用乎格字之義有以至字訓者如格于文祖有苗來格是以至訓者也然格于文祖必純孝誠敬幽明之間無一不得其理而後謂之格有苗之頑實以文德誕敷而後格則亦兼有正字之義在其間未可專以至字盡之也如格其非心大臣格君心之非

之類是則一皆正其不正以歸於正之義而不可以至字爲訓矣且大學格物之訓又安知其不以正字爲訓而必以至字爲義乎如以至字爲義者必曰窮至事物之理而後其說始通是其用功之要全在一窮字用力之地全在一理字也若上去一窮下去一理字而直曰致知在至物其可通乎夫窮理盡性聖人之成訓見於繫辭者也苟格物之說而

今案窮理二字出於說卦傳

果卽窮理之義則聖人何不直曰致知在窮
理而必爲此轉折不完之語以啓後世之弊
邪蓋大學格物之說自與繫辭窮理大旨雖
同而微有分辨窮理者兼格致誠正而爲功
也故言窮理則格致誠正之功皆在其中言
格物則必兼舉致知誠意正心而後其功始
備而密今偏舉格物而遂謂之窮理此所以
專以窮理屬知而謂格物未嘗有行非惟不

得格物之旨并窮理之義而失之矣此後世之學所以析知行爲先後兩截日以支離決裂而聖學益以殘晦者其端實始於此吾子蓋亦未免承沿積習則見以爲於道未相脗合不爲過矣

來書云謂致知之功將如何爲溫凊如何爲奉養即是誠意非別有所謂格物此亦恐非

此乃吾子自以己意揣度鄙見而爲是説非鄙人之所以告吾子者矣若果如吾子之言寧復有可通乎蓋鄙人之見則謂意欲溫凊意欲奉養者所謂意也而未可謂之誠意必實行其溫凊奉養之意務求自慊而無自欺然後謂之誠意知如何而爲溫凊之節知如何而爲奉養之宜者所謂知也而未可謂之致知必致其知如何爲溫凊之節者之知而

實以之溫清致其知如何爲奉養之宜者之知而實以之奉養然後謂之致知溫清之事奉養之事所謂物也而未可謂之格物必其於溫清之事也一一如其良知之所知當如何爲溫清之節者而爲之無一毫之不盡於奉養之事也一一如其良知之所知當如何爲奉養之宜者而爲之無一毫之不盡然後謂之格物溫清之物格然後知溫清之良知始致

奉養之物格然後知奉養之良知始致故曰物格而後知至致其知溫凊之良知而後溫凊之意始誠致其知奉養之良知而後奉養之意始誠故曰知至而後意誠此區區誠意致知格物之說蓋如此吾子更熟思之將亦無可疑者矣

來書云道之大端易於明白所謂良知良能愚夫愚婦可與及者至於節目時變之

舜不告而娶事見孟子離婁及萬章上篇○武不葬而興師事見史記伯夷列傳○養志事見孟子離婁上○小杖大杖孔子家語。本篇曰曾子耘瓜斬其根云云子曰女不聞乎昔瞽叟有子曰舜舜之事瞽叟云云小棰則待過大杖則逃走云云○割股一事朱子考異之昌黎外集董氏曰抄事文類聚外集五月五日下鄂耶代酢二十卷等論之李退溪自省錄亦論之○廬墓孟子史記家語等有此事魏史有王裒徐節孝載言行錄割股廬墓見宋史選舉志蘇軾語朱子大學或問中亦引此語

詳毫釐千里之繆必待學而後知今語孝於溫清定省孰不知之至於舜之不告而娶武之不葬而興師養志養口小杖大杖割股廬墓等事處常處變過與不及之間必須討論是非以為制事之本然後心體無蔽臨事無失

道之大端易於明白此語誠然顧後之學者忽其易於明白者而弗由而求其難於明白

道在邇孟子離婁ノ語○大道告子下ノ語由作求

汲汲字彙不休息貌

者以爲學此其所以道在邇而求諸遠事在易而求諸難也孟子云夫道若大路然豈難知哉人病不由耳良知良能愚夫愚婦與聖人同但惟聖人能致其良知而愚夫愚婦不能致此聖愚之所由分也節目時變聖人夫豈不知但不專以此爲學而其所謂學者正惟致其良知以精察此心之天理而與後世之學不同耳吾子未暇良知之致而汲汲焉

顧是之憂此正求其難於明白者以爲學之弊也夫良知之於節目時變猶規矩尺度之於方圓長短也節目時變之不可預定猶方圓長短之不可勝窮也故規矩誠立則不可欺以方圓而天下之方圓不可勝用矣尺度誠陳則不可欺以長短而天下之長短不可勝用矣良知誠致則不可欺以節目時變而天下之節目時變不可勝應矣毫釐千里之

禮記經解曰禮之於正國猶衡之於輕重也繩墨之於曲直也規矩之於方圓也故衡誠懸不可欺以輕重繩墨誠陳不可欺以曲直規矩誠設不可欺以方圓君子審禮不可誣以姦詐

○文錄第四禮記纂言序曰方圓者規矩之所出而不可遂以方圓爲規矩故執規矩以爲方圓則方圓不可勝用舍規矩以爲方圓遂以方圓爲規矩則規矩之用息矣

謬不於吾心良知一念之微而察之亦將何
所用其學乎是不以規矩而欲定天下之方
圓不以尺度而欲盡天下之長短吾見其乖
張謬戾日勞而無成也已吾子謂語孝於溫
凊定省孰不知之然而能致其知者鮮矣若
謂粗知溫凊定省之儀節而遂謂之能致其
知則凡知君之當仁者皆可謂之能致其仁
之知知臣之當忠者皆可謂之能致其忠之

支準稷變多之譬喩本旨本於象
卜之意考下文三十二版出之

知則天下孰非致知者邪以是而言可以知致知之必在於行而不行之不可以爲致知也明矣知行合一之體不益較然矣乎夫舜之不告而娶豈舜之前已有不告而娶者爲之準則故舜得以考之何典問諸何人而爲此邪抑亦求諸其心一念之良知權輕重之宜不得已而爲此邪武之不葬而興師豈武之前已有不葬而興師者爲之準則故武得

為無後 離婁上孟子曰不孝有三無後為大舜不告而娶為無後也君子以為猶告也

以考之何典問諸何人而爲此邪抑亦求諸其心一念之良知權輕重之宜不得已而爲此邪使舜之心而非誠於爲無後武之心而非誠於爲救民則其不告而娶與不葬而興師乃不孝不忠之大者而後之人不務致其良知以精察義理於此心感應酬酢之間顧欲懸空討論此等變常之事執之以爲制事之本以求臨事之無失其亦遠矣其餘數端

皆可類推則古人致知之學從可知矣
來書云謂大學格物之説專求本心猶可
牽合至於六經四書所載多聞多見前言
往行好古敏求博學審問溫故知新博學
詳説好問好察是皆明白求於事爲之際
資於論説之間者用功節目固不容紊矣
格物之義前已詳悉牽合之疑想已不俟復
解矣至於多聞多見乃孔子因子張之務外

多聞─論語爲政云子張學干
祿子曰多聞闕疑愼言其餘則
寡尤多見闕殆愼行其餘則寡
悔言寡尤行寡悔祿在其中矣
○又述而子曰蓋有不知而作
之者我無是也多聞擇其善者而
從之多見而識之知之次也
前言往行易大畜大象傳云君
子以多識前言往行以畜其德
好古敏─論語述而子曰我非生
而知之者好古敏以求之者也
博學審問出中庸○溫故─出
論語爲政及中庸○博學詳説
孟子離婁下曰博學而詳説之
將以反説約也○好問─中庸
子曰舜其大知也與舜好問而
好察邇言隱惡而揚善執其兩端用其中於民云云

務外好高　論語子張篇曾子曰堂堂乎張也難與並為仁矣朱註曰言其務外自高不可輔而為仁亦不能有以輔人之仁也

孟子語出於告子下

德性之良知此卷六十五版答歐陽崇一書論之詳

好高徒欲以多聞多見為學而不能求諸其心以闕疑殆此其言行所以不免於尤悔而所謂見聞者適以資其務外好高而已蓋所以救子張多聞多見之病而非以是教之為學也夫子嘗曰蓋有不知而作之者我無是也是猶孟子是非之心人皆有之之義也此言正所以明德性之良知非由於聞見耳若曰多聞擇其善者而從之多見而識之則是

夫子謂子貢論語衛靈公篇語
朱子曰說見第四答然彼以行
言此以知言也是說甚支離知
行既爲二其爲一以貫之者果
何也

専求諸見聞之末而已落在第二義矣故曰
知之次也夫以見聞之知爲次則所謂知之
上者果安所指乎是可以窺聖門致知用力
之地矣夫子謂子貢曰賜也汝以予爲多學
而識之者歟非也予一以貫之使誠在於多
學而識則夫子胡乃謬爲是說以欺子貢者
邪一以貫之非致其良知而何易曰君子多
識前言往行以畜其德夫以畜其德爲心則

學ト古字ト篇語

朱子亦ヿ朱子於論語則注之
曰温尋繹也是以知釋之者也

凡多識前言往行者孰非畜德之事此正知
行合一之功矣好古敏求者好古人之學而
敏求此心之理耳心即理也學者學此心也
求者求此心也孟子云學問之道無他求其
放心而已矣非若後世廣記博誦古人之言
詞以爲好古而汲汲然惟以求功名利達之
具於其外者也博學審問前言已盡溫故知
新朱子亦以溫故屬之尊德性矣德性豈可

於中庸則注之曰猶燖温之温
涵泳乎其所已知是存心
之屬也云云是以行釋者也

以外求哉惟夫知新必由於温故而温故乃所以知新則亦可以驗知行之非兩節矣博學而詳説之者將以反説約也若無反約之云則博學詳説者果何事邪舜之好問好察惟以用中而致其精一於道心耳道心者良知之謂也君子之學何嘗離去事爲而廢論説但其從事於事爲論説者要皆知行合一之功正所以致其本心之良知而非若世之

徒事口耳談說以爲知者分知行爲兩事而果有節目先後之可言也

來書云楊墨之爲仁義鄉愿之亂忠信堯舜子之之禪讓湯武楚項之放伐周公莽操之攝輔謾無印正又焉適從且於古今事變禮樂名物未嘗考識使國家欲興明堂建辟雍制曆律艸封禪又將何所致其用乎故論語曰生而知之者義理耳若夫

楊墨ー孟子滕文公下曰楊氏爲我是無君也墨氏兼愛是無父也又曰楊墨之道不息孔子之道不著是邪說誣民充塞仁義云云 註程子曰楊氏爲我疑於義墨氏兼愛疑於仁○近思錄伊川先生曰至矣楊墨亦未至於無父無君孟子推之便至於此蓋其差必至於是也▲鄉愿ー論語陽貨篇曰鄉愿德之賊也○孟子盡心下萬章曰孔子以爲德之賊何哉曰居之似忠信云云▲堯舜ー事詳出孟子萬章篇▲子之ー事見孟子公孫丑下○又梁惠王下齊人伐燕注曰案史記燕王噲讓國於其相子之而國大亂云云史記出燕世家▲湯武放伐事見孟子梁惠王下▲楚項ー楚項羽立義帝輔攝之後弑之事見史記項羽本紀▲周公輔成王攝政事見周書▲莽ー通鑑綱目前漢平帝元始五年安漢公莽居攝踐祚注初泉陵侯劉慶上書言皇帝富春秋宜令安漢公攝行天子事如成王周

公故事群臣皆以為宜○又冬十二月安漢公莽弑帝▲操|綱目後漢獻帝建安十三年夏六月罷三公官曹操自為丞相▲適從|左傳僖公五年曰一國三公吾誰適從▲明堂辟雍考出後▲曆曰曆律曰律▲封禪共祭名考見後▲論語|是述而篇我非生而知者章集注尹氏語也故答書曰釋論語者云云 來書或脫釋字也

禮樂名物古今事變亦必待學而後有以驗其行事之實此則可謂定論矣

所喻楊墨鄉愿堯舜子之湯武楚項周公莽操之辨與前舜武之論大略可以類推古今事變之疑前於良知之說已有規矩尺度之喻當亦無俟多贅矣至於明堂辟雍諸事似尚未容於無言者然其說甚長姑就吾子之言而取正焉則吾子之惑將亦可以少釋矣

呂氏月令｜秦呂不韋所撰之書名曰呂氏春秋○禮記月令篇正義云按鄭氏目錄曰本呂氏春秋
十二月記之首章也○又明堂位題注正義引鄭氏之目錄詳言其制○又大戴禮有明堂篇▲齊宣
｜孟子梁惠王下齊宣王問曰人皆謂我毀明堂毀諸已乎孟子對曰夫明堂者王者之堂也王欲行
王政則勿毀之矣注趙氏曰明
堂泰山明堂周天子東巡狩朝
諸侯之處○案王先生之說蓋
論其本而孟子之教是我愛其
禮之意也○齊宣當周三十七
代赧王之時▲幽厲｜厲王周
室第十主幽王第十三王周
道從是傷衰▲無恙｜神異經
北方有獸曰獇獇恙也黃帝殺
之由是人無憂疾謂之無恙▲
茅茨｜史記本紀茅茨不翦土
階三等是堯之治也▲成王康
王周之第二第四王也▲不忍
人｜孟子公孫丑上云先王有
不忍人之心而斯有不忍人之
政云云

夫明堂辟雍之制始見於呂氏之月令漢儒之訓疏六經四書之中未嘗詳及也豈呂氏漢儒之知乃賢於三代之賢聖乎齊宣之時明堂尚有未毀則幽厲之世周之明堂皆無恙也堯舜茅茨土階明堂之制未必備而不害其爲治幽厲之明堂固猶文武成康之舊而無救於其亂何邪豈能以不忍人之心而行不忍人之政則雖茅茨土階固亦明堂也

以幽厲之心而行幽厲之政則雖明堂亦暴
政所自出之地邪武帝肇講於漢而武后盛
作於唐其治亂何如邪天子之學曰辟雍諸
侯之學曰泮宮皆象地形而爲之名耳然三
代之學其要皆所以明人倫非以辟不辟泮
不泮爲重輕也孔子云人而不仁如禮何人
而不仁如樂何制禮作樂必具中和之德聲
爲律而身爲度者然後可以語此若夫器數

▲武帝ー綱目漢武帝建元元
年趙綰請立明堂薦其師申公
上使使者奉安車蒲輪束帛加
璧迎之議明堂巡狩改歷服色
事○史記天漢四年東巡狩祀
明堂修封禪▲武后ー謂唐則
天皇后綱目中宗嗣聖五年二
月毀乾元殿作明堂▲辟雍ー
禮記王制曰大學在郊天子曰
辟雍諸侯曰頖宮古注辟雍水
環如璧泮宮半之蓋東西門以
南通水北無水也▲三代之學
ー孟子滕文公上曰設為庠序
學校以教之云云皆所以明人
倫也云云▲孔子云云語出里仁
篇▲聲為律身為度本史記稱
禹語▲然後可以語之ー中庸曰雖有其位苟無其德不敢作禮樂

▲器數之末｜禮記郊特牲云禮之所尊尊其義也失其義陳其數祝史之事也○儀禮經傳通解冠義下朱子曰今按此蓋秦火之前典籍具備之時之語云云今謹案下文曾子語亦未必然須詳味之▲曾子｜語出論語泰伯篇▲堯命羲和｜書堯典文蔡註云羲氏和氏主曆象授時之官若順也昊天廣大之意曆所以紀數之書象所以觀天之器下篇璣衡之屬是也▲在璿璣玉衡｜書舜典注在察也美珠謂之璿璣機也以璿飾璣所以象天體之轉運也衡橫也謂衡簫也以玉為管橫而設之所以窺璣而齊七政之運行猶今之渾天儀也七政日月五星也云云窃案授民時是政之大本故曰七政▲仁民｜語出孟子盡心上篇▲堯舜之知｜同上○象山集要一與邵叔誼書曰人情物理之變何可勝窮若其標末雖古聖人不能盡知也稷之不能審於八音夔之不能詳於五種可以理揆

之末樂工之事祝史之守故曾子曰君子所貴乎道者三籩豆之事則有司存也堯命羲和欽若昊天曆象日月星辰其重在於敬授人時也舜在璿璣玉衡其重在於以齊七政也是皆汲汲然以仁民之心而行其養民之政治曆明時之本固在於此也羲和曆數之學皐契未必能之也禹稷未必能之也堯舜之知而不徧物雖堯舜亦未必能之也然至

云

云亦此意也▲小慧ー論語衛靈公篇好行小慧注小慧私智也

▲推步　後漢馮緄傳美推步之術注謂日月五星之度昏旦節氣之差史紀黄帝本紀迎日推筴

靡ー字彙奢麗也又無也又爛也又滅也

司馬相如ー漢武帝元鼎六年綱目曰帝自制封禪儀注初司馬相如病且死有遺書勸上封泰山會寶鼎上乃令諸儒采尚書周官王制之文草封禪儀云云

於今循羲和之法而世修之雖曲知小慧之人星術淺陋之士亦能推步占候而無所紕則是後世曲知小慧之人反賢於禹稷堯舜者邪封禪之説尤爲不經是乃後世佞人諛士所以求媚於其上倡爲誇侈以蕩君心而靡國費蓋欺天罔人無恥之大者君子之所不道司馬相如之所以見譏於天下後世也吾子乃以是爲儒者所宜學殆亦未之思邪

夫聖人之所以爲聖者以其生而知之也而釋論語者曰生而知之者義理耳若夫禮樂名物古今事變亦必待學而後有以驗其行事之實夫禮樂名物之類果有關於作聖之功也而聖人亦必待學而後能知焉則是聖人亦不可以謂之生知矣謂聖人爲生知者專指義理而言而不以禮樂名物之類則是禮樂名物之類無關於作聖之功矣聖人之

夫拔本塞源 左傳昭公九年
文字○案是至論中之至論明
文中之明文自秦漢以來數千
歲之間惟有此一文而已

所以謂之生知者專指義理而不以禮樂名
物之類則是學而知之者亦惟當學知此義
理而已困而知之者亦惟當困知此義理而
已今學者之學聖人於聖人之所能知者未
能學而知之而顧汲汲焉求知聖人之所不
能知者以爲學無乃失其所以希聖之方歟
凡此皆就吾子之所惑者而稍爲之分釋未
及乎拔本塞源之論也夫拔本塞源之論不

滃一字未詳

以天地萬物為一體是程子語禮記禮運聖人以天下為一家中國為一人語其視天下之人張橫渠西銘正言此意

明於天下則天下之學聖人者將日繁日難斯人淪於禽獸夷狄而猶自以為聖人之學吾之說雖或暫明於一時終將凍解於西而冰堅於東霧釋於前而雲滃於後呶呶焉危困以死而卒無救於天下之分毫也已夫聖人之心以天地萬物為一體其視天下之人無外內遠近凡有血氣皆其昆弟赤子之親莫不欲安全而教養之以遂其萬物一體之

念天下之人心其始亦非有異於聖人也特其間於有我之私隔於物欲之蔽大者以小通者以塞人各有心至有視其父子兄弟如仇讐者聖人有憂之是以推其天地萬物一體之仁以教天下使之皆有以克其私去其蔽以復其心體之同然其教之大端則堯舜禹之相授受所謂道心惟微惟精惟一允執厥中而其節目則舜之命契所謂父子有親

有我之私丨近思錄程子曰人有身則有自私之理宜難與道一

聖人有憂丨孟子語考出下

心體之同然丨孟子告子上云聖人先得我心之同然耳云云

堯舜禹丨書大禹謨語考出前

命契丨舜典帝曰契百姓不親五品不遜汝作司徒敬敷五教在寬○孟子滕文公上曰人之有道也飽食煖衣逸居而無教則近於禽獸聖人有憂之使契爲司徒教以人倫父子有親君臣有義夫婦有別長幼有序朋友有信

啓明如朱。　書堯典帝曰疇咨若時登庸放齊曰胤子朱啓明帝曰吁嚚訟可乎○孟子萬章上曰丹朱之不肖

君臣有義夫婦有別長幼有序朋友有信五者而已唐虞三代之世教者惟以此爲教而學者惟以此爲學當是之時人無異見家無異習安此者謂之聖勉此者謂之賢而背此者雖其啓明如朱亦謂之不肖下至閭井田野農工商賈之賤莫不皆有是學而惟以成其德行爲務何者無有聞見之雜記誦之煩辭章之靡濫功利之馳逐而但使之孝其親

弟其長信其朋友以復其心體之同然是蓋性分之所固有而非有假於外者則人亦孰不能之乎學校之中惟以成德爲事而才能之異或有長於禮樂長於政教長於水土播植者則就其成德而因使益精其能於學校之中迨夫擧德而任則使之終身居其職而不易用之者惟知同心一德以共安天下之民視才之稱否而不以崇卑爲輕重勞逸爲

熙熙｜老子經衆人熙熙如享太牢如春登臺
皞皞｜孟子盡心上王者之民皞皞如也注廣大自得貌
象山集要三與包顯道書曰古人不求名聲不較勝負不恃才智不矜功能故通體皆是道義道義之在天下在人心豈能泯滅第今人大頭既沒於利欲不

美惡效用者亦惟知同心一德以共安天下之民苟當其能則終身處於煩劇而不以為勞安於卑瑣而不以為賤當是之時天下之人熙熙皞皞皆相視如一家之親其才質之下者則安其農工商賈之分各勤其業以相生相養而無有乎希高慕外之心其才能之異若皐夔稷契者則出而各效其能若一家之務或營其衣食或通其有無或備其器用

能大自奮拔則自附託其間者
行或與古人同情與古人異此
不可不辨也若眞是道義則無
名聲可求無勝負可較無才智
可恃無功能可矜唐虞之時禹
益稷契功被天下澤及萬世無
一毫自多之心云云
稷一契一夔一考並出上卷
仰事俯育ト孟子梁惠王上云
仰足以事父母俯足以畜妻子
▲虞之一舜典帝曰咨四岳有
能典朕三禮僉曰伯夷帝曰俞
咨伯汝作秩宗

集謀并力以求遂其仰事俯育之願惟恐當其事者之或怠而重己之累也故稷勤其稼而不恥其不知教視契之善教即己之善教也夔司其樂而不恥於不明禮視夷之通禮即己之通禮也蓋其心學純明而有以全其萬物一體之仁故其精神流貫志氣通達而無有乎人己之分物我之間譬之一人之身目視耳聽手持足行以濟一身之用目不恥

不言而喩｜孟子盡心上曰四體不言而喩注云言四體不待吾言而自能曉吾意也

至易至簡｜易上係辭曰乾以易知坤以簡能易則易知簡則易從云云

王道熄｜孟子離婁下曰王者之迹熄而詩亡注謂平王東遷而政教號令不及於天下也

其無聽而耳之所涉目必覺焉足不聡其無執而手之所探足必前爲蓋其元氣充周血脈條暢是以痒痾呼吸感觸神應有不言而喩之妙此聖人之學所以至易至簡易知易從學易能而才易成者正以大端惟在復心體之同然而知識技能非所與論也三代之衰王道熄而霸術倡孔孟既沒聖學晦而邪說横教者不復以此爲教而學者不復以此

假之外 孟子盡心上曰堯舜性之也湯武身之也五霸假之也

蕪塞 明道先生論異端曰是皆正路之蓁蕪聖門之蔽塞闢之而後可以入道 近思錄

管仲商鞅蘇秦張儀皆霸功權謀之徒傳共見史記列傳

世之儒者指漢儒

為學霸者之徒竊取先王之近似者假之於外以內濟其私己之欲天下靡然而宗之聖人之道遂以蕪塞相倣相效日求所以富強之說傾詐之謀攻伐之計一切欺天罔人苟一時之得以獵取聲利之術若管商蘇張之屬者至不可名數既其久也鬬爭劫奪不勝其禍斯人淪於禽獸夷狄而霸術亦有所不能行矣世之儒者慨然悲傷蒐獵先聖王之

煨燼｜秦始皇焚天下之書其
殘漏或存者謂之煨燼之餘
聖學之門牆｜論語子張篇曰
夫子之牆數仞不得其門而入
不見宗廟之美百官之富
訓詁｜漢有專門學毛萇之於
詩鄭玄之於禮之類也今時談
經者皆知賤之而其於論孟則
又不過爲之訓詁而其講則卻
不知二子之於詩禮之類
籍籍｜音寂語聲並前漢江都易

典章法制而掇拾修補於煨燼之餘蓋其爲
心良亦欲以挽回先王之道聖學既遠覇術
之傳積漬已深雖在賢智皆不免於習染其
所以講明修飾以求宣暢光復於世者僅足
以增覇者之藩籬而聖學之門牆遂不復可
覩於是乎有訓詁之學而傳之以爲名有記
誦之學而言之以爲博有詞章之學而侈之
以爲麗若是者紛紛籍籍羣起角立於天下

王傳語錄諸

跳踉 勇躍貌莊子跳踉乎井幹之上

又不知其幾家萬徑千蹊莫知所適世之學者如入百戲之場讙謔跳踉騁奇鬬巧獻笑爭妍者四面而競出前瞻後盼應接不遑而耳目眩瞀精神恍惑日夜遨遊淹息其間如病狂喪心之人莫自知其家業之所歸時君世主亦皆昏迷顛倒於其說而終身從事於無用之虛文莫自知其所謂間有覺其空疎謬妄支離牽滯而卓然自奮欲以見諸行事

習以成性。一本申曰習與性成
軋一字彙乙黠切勢相傾也

之實者極其所抵亦不過為富強功利五霸之事業而止聖人之學日遠日晦而功利之習愈趨愈下其間雖嘗瞽惑於佛老而佛老之說卒亦未能有以勝其功利之心雖又嘗折衷於羣儒而羣儒之論終亦未能有以破其功利之見蓋至於今功利之毒淪浹於人之心髓而習以成性也幾千年矣相矜以知相軋以勢相爭以利相高以技能相取以聲

銓｜字彙輇與銓同荘子輇才諷説之徒注輇量人物也○銓量也度也

軸｜車軸蓋謂樞要然連銓字則選拔人才之官唐有尚書銓侍郎銓等是選官也

藩臬｜謂藩鎮之官臬闑同音孽

譽其出而仕也理錢穀者則欲兼夫兵刑典禮樂者又欲與於銓軸處郡縣則思藩臬之高居臺諫則望宰執之要故不能其事則不得以兼其官不通其說則不可以要其譽記誦之廣適以長其敖也知識之多適以行其惡也聞見之博適以肆其辨也辭章之富適以飾其僞也是以皐夔稷契所不能兼之事而今之初學小生皆欲通其說究其術其稱

成天下之務易上系辭曰唯幾也故能成天下之務
若是之積染ー應上文霸術之傳積漬已久若是之心志ー應上文功利之心云云○若是之學術ー應上文記誦知識聞見辭章等語
贅疣ー莊子附贅垂疣○字彙疣瘤也○宋玉九辯圓枘而方鑿兮吾固知鉏鋙而難入○字彙枘音芮
其勢有所必至ー指上文所謂斯人淪禽獸夷狄而猶自以為聖人之學之語

名借號未嘗不曰吾欲以共成天下之務而其誠心實意之所在以為不如是則無以濟其私而滿其欲也嗚呼以若是之積染以若是之心志而又講之以若是之學術宜其聞吾聖人之教而視之以為贅疣枘鑿則其以良知為未足而謂聖人之學為無所用亦其勢有所必至矣嗚呼士生斯世而尚何以求聖人之學乎尚何以論聖人之學乎士生斯

世而欲以爲學者、不亦勞苦而繁難乎。不亦拘滯而險艱乎。嗚呼可悲也已。所幸天理之在人心、終有所不可泯、而良知之明、萬古一日、則其聞吾拔本塞源之論、必有惻然而悲、戚然而痛、憤然而起、沛然若決江河、而有所不可禦者矣。非夫豪傑之士、無所待而興者、吾誰與望乎。

豪傑　孟子盡心上曰、待文王而興者凡民也。若夫豪傑之士、雖無文王猶興。

答周道通書

答周　全書作啓問、和刊從之、而果本亦作答周者、今據從之。夫啓問不知爲何義、而見卷首德洪之小序、有答周道通陸清伯語、則其以字相似誤之無疑。○案果本全書題下有甲申字。是嘉靖三年先生五十三歲之書也。按年譜、嘉靖元年二月龍山公卒、三年四月服闋、則書中所謂憂病及荒憒等語、是喪中之詞也。而下文言去春間再承、則是爲三四月中之書、亦可知。

吳曾兩生至備道道遹懇切爲道之意殊慰相念若道遹眞可謂篤信好學者矣憂病中會不能與兩生細論然兩生亦自有志向肯用功者每見輒覺有進在區區誠不能無負於兩生之遠來在兩生則亦庶幾無負其遠來之意矣臨別以此冊致道道遹意請書數語荒憒無可言者輒以道遹來書中所問數節畧下轉語奉酬艸艸殊不詳細兩生當亦自

立志一是先生之教人格致之基作聖之功固無別法而示立志說甚詳盡可並考

能只悉也

來書云日用工夫只是立志近來於先生誨言時時體驗愈益明白然於朋友不能一時相離若得朋友講習則此志纔精健闊大纔有生意若三五日不得朋友相講便覺微弱遇事便會困亦時會忘乃今無朋友相講之日還只靜坐或看書或游衍經行凡寓目措身悉取以培養此志頗覺

意思和適然終不如朋友講習精神流動
生意更多也離羣索居之人當更有何法
以處之
此段足驗道通日用工夫所得工夫大畧亦
只是如此用只要無間斷到得純熟後意思
又自不同矣大抵吾人爲學緊要大頭腦只
是立志所謂困忘之病亦只是志欠眞切今
好色之人未嘗病於困忘只是一眞切耳自

家痛痒自家須會知得自家須會搔摩得既自知得痛痒自家須不能不搔摩得佛家謂之方便法門須是自家調停斟酌他人總難與力亦更無別法可設也

來書云上蔡嘗問天下何思何慮伊川云有此理只是發得太早在學者工夫固是必有事焉而勿忘然亦須識得何思何慮底氣象一併看爲是若不識得這氣象便

方便　法華有方便品祖庭事苑曰方謂方法便謂便宜○法門以法爲入道之門也

易繋辭曰天下何思何慮天下同歸而殊塗一致而百慮天下何思何慮朱子本義曰理本無二而殊塗百慮莫非自然何以思慮爲哉○近思錄謝顯道見伊川伊川曰近日事如何對曰天下何思何慮伊川曰是則是有此理賢卻發得太早在伊川直是會鍛鍊得人說了又道恰好著工夫

此卷答歐陽崇一書再論此條
盡其餘意

有正與助長之病若認得何思何慮而忽必有事焉工夫恐又墮於無也須是不滯於有不墮於無然乎否也

所論亦相去不遠矣只是契悟未盡上蔡之問與伊川之答亦只是上蔡伊川之意與孔子繫辭原旨稍有不同繫言何思何慮是言所思所慮只是一箇天理更無別思別慮耳非謂無思無慮也故曰同歸而殊途一致而

寂然一易繫辭曰易無思也無爲也寂然不動感而遂通天下之故○今案無思無爲是說本體何思何慮是說工夫然工夫即本體本體即工夫要無二致也○又案上卷雖曰何思何慮非初學時事初學必須思省察克治說與此少異也蓋前說也

百慮天下何思何慮云殊途云百慮則豈謂無思無慮邪心之本體即是天理天理只是一箇更有何可思慮得天理原自寂然不動原自感而遂通學者用功雖千思萬慮只是要復他本來體用而已不是以私意去安排思索出來故明道云君子之學莫若廓然而太公物來而順應若以私意去安排思索便是用智自私矣何思何慮正是工夫在聖人

濂溪ノ太極說曰聖人定之以中正仁義而主靜自註曰無欲故靜

分上便是自然的在學者分上便是勉然的伊川卻是把做效驗看了所以有發得太早之說既而云卻好用功則已自覺其前言之有未盡矣濂溪主靜之論亦是此意今道通之言雖已不爲無見然亦未免尚有兩事也

來書云凡學者纔曉得做工夫便要識認得聖人氣象蓋認得聖人氣象把做準的乃就實地做工夫去纔不會差纔是作聖

昔人ー近思錄伊川先生曰學者不學聖人已欲學聖人須玩味聖人之氣象不可只於名上理會如此只是講論文字○論語公冶長篇老者安之註程子曰凡看論語非但欲理會文字須要識得聖賢氣象

小人ー左傳昭公二十八年曰願以小人之腹爲君子之心屬厭而已

工夫未知是否

先認聖人氣象昔人嘗有是言矣然亦欠有頭腦聖人氣象自是聖人的我從何處識認若不就自己良知上眞切體認如以無星之稱而權輕重未開之鏡而照妍媸眞所謂以小人之腹而度君子之心矣聖人氣象何由認得自己良知原與聖人一般若體認得自己良知明白卽聖人氣象不在聖人而在我

程子語出近思致知類。下語同。

○孟子告子下曰子服堯之服誦堯之言行堯之行是堯而已矣。伊川前説本之而活説也

事上磨錬。此亦王氏之家法而格物之實功博文約禮之事也上卷二十七葉曰人須在事上磨方立得住。○又三十六葉曰人正要此等時磨錬。○下卷五張曰人須在事上磨錬做工夫

矣程子嘗云觀書者亦學他行事無他許多聰明睿智安能如彼之動容周旋中禮又云心通於道然後能辨是非今且説通於道在何處聰明睿智從何處出來

來書云事上磨煉一日之内不管有事無事只一意培養本原若遇事來感或自己有感心上既有覺安可謂無事但因事凝心一會大段覺得事理當如此只如無事

乃有益只好靜遇事便亂無長進那靜時工夫亦差似收斂實放蕩也○又三上一張曰隨你怎事上磨鍊也好云云

▲安可謂無事ー上卷五十二版曰格物無間動靜靜亦物也孟子謂必有事焉是動靜皆有事

所論ー此卷答歐陽崇一書亦再論此條

處之盡吾心而已然乃有處得善與未善何也又或事來得多須要次第與處每因才力不足輒爲所困雖極力扶起而精神已覺衰弱遇此未免要十分退省寧不了事不可不加培養如何

所說工夫就道通分上也只是如此用然未免有出入在凡人爲學終身只爲這一事自少至老自朝至暮不論有事無事只是做得

這一件所謂必有事焉者也若說寧不了事不可不加培養却是尚爲兩事也必有事焉而勿忘勿助事物之來但盡吾心之良知以應之所謂忠恕違道不遠矣凡處得有善有未善及有困頓失次之患者皆是牽於毀譽得喪不能實致其良知耳若能實致其良知然後見得平日所謂善者未必是善所謂未善者却恐正是牽於毀譽得喪自賊其良知

者也

來書云致知之說春間再承誨益已頗知用力覺得比舊尤爲簡易但鄙心則謂與初學言之還須帶格物意思使之知下手處本來致知格物一併下但在初學未知下手用功還說與格物方曉得致知云云

格物是致知工夫知得致知便已知得格物若是未知格物則是致知工夫亦未嘗知也

與友人

朱陸之辨外集第二答孫成之第一書詳盡然錢德洪於小序論之其意亦可見

近有一書與友人論此頗悉今往一通細觀之當自見矣

來書云今之爲朱陸之辨者尚未已每對朋友言正學不明已久且不須枉費心力爲朱陸爭是非只依先生立志二字點化人若其人果能辨得此志來決意要知此學已是大段明白了朱陸雖不辨彼自能覺得又嘗見朋友中見有人議先生之言

吳涉禮一案二程全書及近思錄所載並作吳師禮是益州書之誤○介甫王荊公字

▲先生與人一文錄第二答汪石潭內翰書曰有未盡不惜教論不必益於兄必益於我是辛未之書先生時四十歲

者輒爲動氣昔在朱陸二先生所以遺後世紛紛之議者亦見二先生工夫有未純熟分明亦有動氣之病若明道則無此矣觀其與吳涉禮論介甫之學云爲我盡達諸介甫不有益於他必有益於我也氣象何等從容嘗見先生與人書中亦引此言顧朋友皆如此如何

此節議論得極是極是願道通遍以告吾同

志各自且論自己是非莫論朱陸是非也以言語謗人其謗淺若自己不能身體實踐而徒入耳出口呶呶度日是以身謗也其謗深矣凡今天下之論議我者苟能取以爲善皆是砥礪切磋我也則在我無非警惕修省進德之地矣昔人謂攻吾之短者是吾師師又可惡乎

來書云有引程子人生而靜以上不容說

昔人ー荀子修身篇曰非我而當者吾師也是我而當者吾友也諂諛我者吾賊也

近思錄道體載明道先生曰生之謂性性即氣氣即性生之謂也人生氣稟理有善惡然不是

性中元有此兩物相對而生也有自幼而善有自幼而惡是氣稟有然也善固性也然惡亦不可不謂之性也蓋生之謂性人生靜以上不容說才說性時便已不是性也云云名是文曰性論朱子作之註見全書○禮記樂記曰人生而靜天之性也感物而動性之欲也

才說性便已不是性何故不容說何故不是性晦庵答云不容說者未有性之可言不是性者已不能無氣質之雜矣二先生之言皆未能曉每看書至此輒爲一惑請問

生之謂性生字卽是氣字猶言氣卽是性也氣卽是性人生而靜以上不容說才說氣卽是性卽已落在一邊不是性之本原矣孟子

程子語見遺書六曰論性不論氣不備論氣不論性不明二之則不是

答陸原靜一是嘉靖三年甲申先生五十三歲在越時之書○文錄第二云寄陸原靜書云南元善曾將原靜後來論學數條刊

性善是從本原上說然性善之端須在氣上始見得若無氣亦無可見矣惻隱羞惡辭讓是非即是氣程子謂論性不論氣不備論氣不論性不明亦是爲學者各認一邊只得如此說若見得自性明白時氣即是性性即是氣原無性氣之可分也

答陸原靜書

來書云下手工夫覺此心無時寧靜妄心

入後錄中初心甚不欲渠如此近日朋輩見之卻因此多有省悟始知古人相與論辨窮詰亦不獨要自己明白直欲共明此學於天下耳蓋此數條同志中肯用功者亦時有疑及之然非原靜則亦莫敢如此曲折詳盡故此原靜一問其益於同志良不淺淺也云云

案原靜嘗溺仙釋又好寧靜故所問多其病上卷原靜所錄可以見之

易恒象傳曰天地之道恒久而不已也

中庸曰其爲物不貳則其生物不測

固動也照心亦動也心既恒動則無刻暫停也

是有意於求寧靜是以愈不寧靜耳夫妄心則動也照心非動也恒照則恒動恒靜天地之所以恒久而不已也照心固照也妄心亦照也其爲物不貳則其生物不息有刻暫停則息矣非至誠無息之學矣

來書云良知亦有起處云云

此或聽之未審良知者心之本體即前所謂恒照者也心之本體無起無不起雖妄念之發而良知未嘗不在但人不知存則有時而或放耳雖昏塞之極而良知未嘗不明但人不知察則有時而或蔽耳雖有時而或放其體實未嘗不在也存之而已耳雖有時而或蔽其體實未嘗不明也察之而已耳若謂良知亦有起處則是有時而不在也非其本體

之謂矣

精一之精以理言精神之精以氣言理者氣之條理氣者理之運用無條理則不能運用無運用則亦無以見其所謂條理者矣精則精精則明精則一精則神精則誠一則精一則明一則神一則誠原非有二事也但後世儒者之說與養生之說各滯於一偏是以不相爲用前日精一之論雖爲原靜愛養精神

精一｜｜文錄第二答陸原靜第一書曰聞以多病之故將從事於養生區區往年蓋嘗弊力於此矣後乃知其不必如是始復一意於聖賢之學大抵養德養身只是一事元靜所云眞我者果能戒謹不睹恐懼不聞而專志於是則神住氣住精住而仙家所謂長生久視之說亦在其中矣云云

元神｜上卷四十一版既有此問及此答

近思道體伊川曰夫天專言之則道也天且不違是也分而言之則以形體謂之天以主宰謂之帝以功用謂之鬼神以妙用謂之神以性情謂之乾〇又曰在天爲命在物爲理在人爲性主於身爲心其實一也〇案程子論道體如此而朱子亦從之然而其所以終支離者蓋別工夫本體分知行先後及格物致知之說以致之耳而其論道體亦至精微之處則不能無少違也當精察之

陰根陽陽根陰太極圖說語

而發然而作聖之功實亦不外是矣

來書云元神元氣元精必各有寄藏發生之處又有眞陰之精眞陽之氣云云

夫良知一也以其妙用而言謂之神以其流行而言謂之氣以其凝聚而言謂之精安可以形象方所求哉眞陰之精卽眞陽之氣之母眞陽之氣卽眞陰之精之父陰根陽陽根陰亦非有二也苟吾良知之說明則凡若此

三關 一五車韻瑞黃庭經曰口為天關手為人關足為地關
七返 道書從寅至子為七返丹
九還 韻瑞曰隱丹經有太小還丹九還處合九轉言九遍循環

類皆可以不言而喻不然則如來書所云三關七返九還之屬尚有無窮可疑者也

又

來書云良知心之本體即所謂性善也未發之中也寂然不動之體也廓然大公也何常人皆不能而必待於學邪中也寂也公也既以屬心之體則良知是矣今驗之於心知無不良而中寂大公實未有也豈

良知復超然於體用之外乎

性無不善故知無不良良知即是未發之中即是廓然太公寂然不動之本體人人之所同具者也但不能不昏蔽於物欲故須學以去其昏蔽然於良知之本體初不能有加損於毫末也知無不良而中寂太公未能全者是昏蔽之未盡去而存之未純耳體即良知之體用即良知之用寧復有超然於體用之

外者乎

來書云周子曰主靜程子曰動亦定靜亦定先生曰定者心之本體是靜定也決非不覩不聞無思無爲之謂必常知常存常主於理之謂也夫常知常存常主於理明是動也已發也何以謂之靜何以謂之本體豈是靜定也又有以貫乎心之動靜者邪

動而未嘗｜通書動靜章曰動而無靜靜而無動物也動而無動靜而無靜神也動而無動靜而無靜非不動不靜

理無動者也常知常存常主於理即不覩不聞無思無爲之謂也不覩不聞無思無爲非槁木死灰之謂也覩聞思爲一於理而未嘗有所覩聞思爲即是動而未嘗動也所謂動亦定靜亦定體用一原者也

來書云此心未發之體其在已發之前乎其在已發之中而爲之主乎其無前後內外而渾然一體者乎今謂心之動靜者其

動ナリ

動極ハ太極圖說曰太極動而生陽動極而靜靜而生陰靜極而復動一動一靜互爲其根

主有事無事而言乎其主寂然感通而言乎其主循理從欲而言乎若以循理爲靜從欲爲動則於所謂動中有靜靜中有動動極而靜靜極而動者不可通矣若以有事而感通爲動無事而寂然爲靜則於所謂動而無動靜而無靜者不可通矣若謂未發在已發之先靜而生動是至誠有息也聖人有復也不可矣若謂未發在已

發之中則不知未發已發俱當主靜乎抑未發爲靜而已發爲動乎抑未發已發俱無動無靜乎俱有動有靜乎幸教

未發之中卽良知也無前後內外而渾然一體者也有事無事可以言動靜而良知無分於有事無事也寂然感通可以言動靜而良知無分於寂然感通也動靜者所遇之時心之本體固無分於動靜也理無動者也動卽

朱子太極說曰靜而常覺動而常止者心之妙也寂而感感而寂者也○通書說曰易曰無思也無為也寂然不動感而遂通天下之故者何也曰無思慮也無作為也其寂然者無時而不感其感通者無時而不寂也是乃天命之全體人心之至正所謂體用之一源流行不息者也疑若不可以時處分矣然於其未發也見感通之體於其已發也見寂然之用亦各有當而實未嘗分焉故程子曰中者言寂然不動者也和者言感而遂通者也

發說文錄若王右潭書詳書

為欲循理則雖酬酢萬變而未嘗動也從欲則雖槁心一念而未嘗靜也動中有靜靜中有動又何疑乎有事而感通固可以言動然而寂然者未嘗有增也無事而寂然固可以言靜然而感通者未嘗有減也動而無動靜而無靜又何疑乎無前後內外而渾然一體則至誠有息之疑不待解矣未發在已發之中而已發之中未嘗別有未發者在已發在

以意逆志｜孟子萬章上曰說詩者不以文害辭不以辭害志以意逆志是為得之如以辭而已矣雲漢之詩曰周餘黎民靡有孑遺信斯言也是周無遺民也註曰雲漢大雅篇名也孑獨立之貌遺脫也言說詩之法不可以一字而害一句之義不可以一句而害設辭之志當以己意迎取作者之志乃可得之若但以其辭而已則如雲漢所言是周之民眞無遺種矣惟以意逆之則知作詩者之志在於憂旱而非眞無遺民

未發之中而未發之中未嘗別有已發者存是未嘗無動靜而不可以動靜分者也凡觀古人言語在以意逆志而得其大旨若必拘滯於文義則靡有孑遺者是周果無遺民也周子靜極而動之說苟不善觀亦未免有病蓋其意從太極動而生陽靜而生陰說來太極生生之理妙用無息而常體不易太極之生生卽陰陽之生生就其生生之中指其妙

用無息者而謂之動謂之陽之生非謂動而
後生陽也就其生生之中指其常體不易者
而謂之靜謂之陰之生非謂靜而後生陰也
若果靜而後生陰動而後生陽則是陰陽動
靜截然各自爲一物矣陰陽一氣也一氣屈
伸而爲陰陽動靜一理也一理隱顯而爲動
靜春夏可以爲陽爲動而未嘗無陰與靜也
秋冬可以爲陰爲靜而未嘗無陽與動也春

元會｜十二時爲一日三十日爲一月十二月爲一年三十年爲一世十二世爲一運三十運爲一會以十二會十二萬九千六百年爲一元見皇極經世書○刻者漏刻也以一晝夜爲百刻○秒者一晝夜十万分之一也忽微皆言其細也
所謂｜伊川易傳序文
心從法華｜出六祖法壇經
嘗試孟子梁惠王上曰我雖不敏請嘗試之

夏此不息秋冬此不息皆可謂之陽謂之動也春夏此常體秋冬此常體皆可謂之陰謂之靜也自元會運世歲月日時以至刻秒忽微莫不皆然所謂動靜無端陰陽無始在知道者默而識之非可以言語窮也若只牽文泥句比擬倣像則所謂心從法華轉非是轉法華矣

來書云嘗試於心喜怒憂懼之感發也雖

動氣之極而吾心良知一覺即罔然消阻
或遏於初或制於中或悔於後然則良知
常若居優閑無事之地而爲之主於喜怒
憂懼若不與焉者何歟

知此則知未發之中寂然不動之體而有發
而中節之和感而遂通之妙矣然謂良知常
若居於優閑無事之地語尚有病蓋良知雖
不滯於喜怒憂懼而喜怒憂懼亦不外於良

夫子昨ー前章有此問答是其再問也

知也

來書云夫子昨以良知爲照心竊謂良知心之本體也照心人所用功乃戒愼恐懼之心也猶思也而遂以戒愼恐懼爲良知何歟

能戒愼恐懼者是良知也

來書云先生又曰照心非動也豈以其循理而謂之靜歟妄心亦照也豈以其良知

未嘗不在於其中未嘗不明於其中而視聽言動之不過則者皆天理與且既曰妄心則在妄心可謂之照而在照心則謂之妄矣妄與息何異今假妄之照以續至誠之無息竊所未明幸再啓蒙

照心非動者以其發於本體明覺之自然而未嘗有所動也有所動即妄矣妄心亦照者以其本體明覺之自然者未嘗不在於其中

不貳ト中庸曰其爲物不貳則其生物不測

養生ト周子通書後録養心亭説曰孟子曰養心莫善於寡欲其爲人也寡欲雖有不存焉者寡矣其爲人也多欲雖有存焉者寡矣予謂養心不止於寡焉而存耳蓋寡焉以至無無則誠立明通誠立賢也明通聖也是聖賢非性生必養心而至之養之善有大焉如此存乎其人而已○孟子出盡心下

但有所動耳無所動即照矣無妄無照非以妄爲照以照爲妄也照心爲照妄心爲妄是猶有妄有照也有妄有照則猶貳也貳則息矣無妄無照則不貳不貳則不息矣

來書云養生以清心寡欲爲要夫清心寡欲作聖之功畢矣然欲寡則心自清清心非舍棄人事而獨居求靜之謂也蓋欲使此心純乎天理而無一毫人欲之私耳今

引犬　二程遺書曰如養犬者不欲其升堂則待其升堂而扑之若既扑其升堂又復食之於堂則使孰從雖日撻而求其不升不可得也蓋畜非類且爾況人乎

欲未萌　案是王氏家法上卷三十二張曰無事時將好色好貨好名等私逐一追究搜尋出來定要拔去病根永不復起方始爲快云云又下卷三十九版曰一友問欲於靜坐時將好名好色好貨等根逐一搜尋掃除廓淸恐是剜肉做瘡否先生正色曰這是我醫人的方子眞是去得人病根更有大本事人過了十數年亦還用得著你如不用且放起不要作壞我的方子云云可並考之

欲爲此之功而隨人欲生而克之則病根常在未免滅於東而生於西若欲刊剝洗蕩於衆欲未萌之先則又無所用其力徒使此心之不淸且欲未萌而搜剔以求去之是猶引犬上堂而逐之也愈不可矣

必欲此心純乎天理而無一毫人欲之私此作聖之功也必欲此心純乎天理而無一毫人欲之私非防於未萌之先而克於方萌之

際不能也防於未萌之先而克於方萌之際此正中庸戒愼恐懼大學致知格物之功舍此之外無別功矣夫謂滅於東而生於西引失上堂而逐之者是自私自利將迎意必之爲累而非克治洗蕩之爲患也今日養生以清心寡欲爲要只養生二字便是自私自利將迎意必之根有此病根潛伏於中宜其有滅於東而生於西引失上堂而逐之之患也

於不思善一語出六祖法壇經
而凡禪録中多言之

來書云佛氏於不思善不思惡時認本來
面目於吾儒隨物而格之功不同吾若於
不思善不思惡時用致知之功則已涉於
思善矣欲善惡不思而心之良知清淨自
在惟有寐而方醒之時耳斯正孟子夜氣
之説但於斯光景不能久倏忽之際思慮
已生不知用功久者其常寐初醒而思未
起之時否乎今澄欲求寧靜愈不寧靜欲

佛氏常惺惺是謝顯道說存養之語然本於傳燈錄瑞巖禪師主人公惺惺否之語故云佛氏

念無生則念愈生如之何而能使此心前念易滅後念不生良知獨顯而與造物者遊乎

不思善不思惡時認本來面目此佛氏爲未識本來面目者設此方便本來面目即吾聖門所謂良知今既認得良知明白即已不消如此說矣隨物而格是致知之功即佛氏之常惺惺亦是常存他本來面目耳體段工夫

大畧相似但佛氏有箇自私自利之心所以便有不同耳今欲善惡不思而心之良知淸靜自在此便有自私自利將迎意必之心所以有不思善不思惡時用致知之功則已涉於思善之患孟子說夜氣亦只是爲失其良心之人指出箇良心萌動處使他從此培養將去今已知得良知明白常用致知之功即已不消說夜氣卻是得兎後不知守兎而仍

不消說夜氣｜｜上卷三十七版曰夜氣是就常人說學者能用功則日間有事無事皆是此氣翕聚發生處聖人則不消說夜氣。▲得兎｜｜韓非子五蠹宋人有耕田者田中有株兎走觸株折頸而死因釋其耒而守株冀復得兎兎不可復得而身爲宋國笑○莊子外物篇曰筌者所以在魚得魚而忘筌蹄者所以在兎得兎而忘蹄此筌蹄取魚取兎之具也既得則無用矣在兎意在得兎也○案是語文用韓非子之意用莊子者

去守株免將復失之矣欲求寧靜欲念無生此正是自私自利將迎意必之病是以念愈生而愈不寧靜良知只是一箇良知而善惡自辨更有何善何惡可思良知之體本自寧靜今卻又添一箇求寧靜本自生生今卻又添一箇欲無生非獨聖門致知之功不如此雖佛氏之學亦未如此將迎意必也只是一念良知徹頭徹尾無始無終即是前念不滅

佛氏所謂|是聲聞乘之學
槁木死灰語本出莊子齊物論
佛氏又|是禪家常談如瑞巖喚主人公之類

後念不生今卻欲前念易滅而後念不生是佛氏所謂斷滅種性入於槁木死灰之謂矣

來書云佛氏又有常提念頭之說其猶孟子所謂必有事夫子所謂致良知之說乎其即常惺惺常記得常知得常存得者乎於此念頭提在之時而事至物來應之必有其道但恐此念頭提起時少放下時多則工夫間斷耳且念頭放失多因私欲客

氣之動而始忽然驚醒而後提其放而未提之間心之昏雜多不自覺今欲日精日明常提不放以何道乎只此常提不放即全功乎抑於常提不放之中更宜加省克之功乎雖曰常提不放而不加戒懼克治之功恐私欲不去者加戒懼克治之功焉又爲思善之事而於本來面目又未達一間也如之何則可

質美者ト近思錄爲學明道先生曰質美者明得盡査滓便渾化卻與天地同體○査字無査滓義正字通渣注曰俗爲渣滓字云云滓注曰澱也濁也

戒懼克治即是常提不放之功即是必有事焉豈有兩事邪此節所問前一段已自說得分曉末後卻是自生迷惑說得支離及有本來面目未達一間之疑都是自私自利將迎意必之爲病去此病自無此疑矣

來書云質美者明得盡査滓便渾化如何謂明得盡如何而能便渾化

良知本來自明氣質不美者査滓多障蔽厚

聰明睿知｜中庸二十四章朱子曰聰明睿知聖人之資也

不易開明質美者查滓原少無多障蔽略加致知之功此良知便自瑩徹些少查滓如湯中浮雪如何能作障蔽此本不甚難曉原静所以致疑於此想是因一明字不明白亦是稍有欲速之心向曾面論明善之義明則誠矣非若後儒所謂明善之淺也

來書云聰明睿知果質乎仁義禮智果性乎喜怒哀樂果情乎私欲客氣果一物乎

子房張良也○仲舒姓董共漢人○叔度姓黄名憲後漢安帝時人太原郭泰曰叔度汪汪若千頃波澄之不清撓之不濁不可量也○孔明姓諸葛蜀人○文中見前○韓韓魏公名琦○范范文正公名希文

二物乎古之英才若子房仲舒叔度孔明文中韓范諸公德業表著皆良知中所發也而不得謂之聞道者果何在乎苟曰此特生質之美耳則生知安行者不愈於學知困勉者乎愚意竊云謂諸公見道偏則可謂全無聞則恐後儒崇尚記誦訓詁之過也然乎否乎

性一而已仁義禮知性之性也聰明睿知性

之質也喜怒哀樂性之情也私欲客氣性之蔽也質有清濁故情有過不及而蔽有淺深也私欲客氣一病兩痛非二物也張黄諸葛及韓范諸公皆天質之美自多暗合道妙雖未可盡謂之知學盡謂之聞道然亦自有其學違道不遠者也使其聞學知道即伊傅周召矣若文中子則又不可謂之不知學者其書雖多出於其徒亦多有未是處然其大略

則亦居然可見但今相去遼遠無有的然憑證不可懸斷其所至矣夫良知即是道良知之在人心不但聖賢雖常人亦無不如此若無有物欲牽蔽但循着良知發用流行將去即無不是道但在常人多爲物欲牽蔽不能循得良知如數公者天質既自清明自少物欲爲之牽蔽則其良知之發用流行處自然是多自然違道不遠學者學循此良知而已

行不著　孟子盡心上曰行之而不著焉習矣而不察焉終身由之而不知其道者衆也

謂之知學只是知得專在學循良知數公雖未知專在良知上用功而或泛濫於多岐疑迷於影響是以或離或合而未純若知得時便是聖人矣後儒嘗以數子者尚皆是氣質用事未免於行不著習不察此亦未爲過論但後儒之所謂著察者亦是狃於聞見之狹蔽於沿習之非而依擬倣象於影響形迹之間尚非聖門之所謂著察者也則亦安得以

以己之昏昏—孟子盡心下曰賢者以其昭昭使人昭昭今以其昏昏使人昭昭

周茂叔—近思錄爲學明道先生曰昔受學於周茂叔每令尋顏子仲尼樂處所樂何事

己之昏昏而求人之昭昭也乎所謂生知安行知行二字亦是就用功上說若是知行本體即是良知良能雖在困勉之人亦皆可謂之生知安行矣知行二字更宜精察

來書云昔周茂叔每令伯淳尋仲尼顏子樂處敢問是樂也與七情之樂同乎否乎若同則常人之一遂所欲皆能樂矣何必聖賢若別有眞樂則聖賢之遇大憂大怒

樂是心之本體　下卷四十六
厥問樂是心之本體不知遇大故於哀哭時此樂還在否先生曰須是大哭一番了方樂不哭便不樂矣雖哭此心安處即是樂也本體未嘗有動

大驚大懼之事此樂亦在否卒且君子之心常存戒懼是蓋終身之憂也惡得樂澄平生多悶未嘗見眞樂之趣今切願尋之

樂是心之本體雖不同於七情之樂而亦不外於七情之樂雖則聖賢別有眞樂而亦常人之所同有但常人有之而不自知反自求許多憂苦自加迷棄雖在憂苦迷棄之中而此樂又未嘗不存但一念開明反身而誠則

何道可得—是只推其意言之而上文亦有今欲日精日明常提不放以何道乎之問

騎驢—傳燈不解即心是佛真是騎驢覓驢

傳習—語出上卷此卷是續錄故指上卷曰傳習錄

即此而在矣每與原靜論無非此意而原靜尚有何道可得之問是猶未免於騎驢覓驢之蔽也

來書云大學以心有好樂忿懥憂患恐懼爲不得其正而程子亦謂聖人情順萬事而無情所謂有者傳習錄中以病瘧譬之極精切矣若程子之言則是聖人之情不生於心而生於物也何謂耶且事感而情

佛氏ノ應無所住而生其心是金剛經文

應則是是非非可以就格事或未感時謂之有則未形也謂之無則病根在有無之間何以致吾知乎學務無情累雖輕而出儒入佛矣可乎

聖人致知之功至誠無息其良知之體皦如明鏡略無纖翳妍媸之來隨物見形而明鏡曾無留染所謂情順萬事而無情也無所住而生其心佛氏曾有是言未為非也明鏡之

應物妍者妍媸者媸一照而皆眞卽是生其心處妍者妍媸者媸一過而不留卽是無所住處病瘧之喩旣已見其精切則此節所問可以釋然病瘧之人瘧雖未發而病根自在則亦安可以其瘧之未發而遂忘其服藥調理之功乎若必待瘧發而後服藥調理則旣晩矣致知之功無間於有事無事而豈論於病之已發未發邪大抵原靜所疑前後雖若

文錄第三寄陸原靜書曰南元善嘗將原靜後來論學數條刊入後錄中初心甚不欲深知此近日朋輩見之卻因此多有省悟始知古人相與論辨窮詰亦不備要自己明白直欲共明此學於天下耳蓋此數條同志中嘗用功者亦時有疑及之然非原靜則莫敢如此披豁吐露縱欲如此披豁吐露亦不能如此斷折詳盡故此原靜一問甚益於同志良不淺淺云云

之不一然皆起於自私自利將迎意必之爲祟此根一去則前後所疑自將冰消霧釋有不待於問辨者矣

答原靜書出讀者皆喜澄善問師善答皆得聞所未聞師曰原靜所問只是知解上轉不得已與之逐節分疏若信得良知只在良知上用工雖千經萬典無不脗合異端曲學一勘盡破矣何必如

佛家大涅槃經三十二卷曰凡一切凡夫雖觀於果不觀因緣如犬逐塊不逐人亦復如是○祖庭事苑第八獅子咬人下云大般若論云有獅塊於犬犬逐塊也塊終不止有擲於獅子獅子逐入其塊自止案是自大般若論還來也

答歐陽崇一　據前後例當着崇字○崇一名德案年譜嘉靖五年丙戌先生五十五歲之書也註曰德親見先生於虔最年少亦已領鄉薦先生恒以小秀才呼之故遣服役德欣欣恭命雖勞不怠先生深器之嘉靖癸未第進士出守六安州數月奉書以爲初政倥偬後稍次第始得與諸生講學先生曰吾所講學正在政務倥偬中豈必聚徒而後爲講學耶▲來書一來書句上本有崇一二字今據前後例除去之

此節節分解佛家有撲人逐塊之喩見塊撲人則得人矣見塊逐塊於塊奚得哉在座諸友聞之惕然皆有惺悟此學貴反求非知解可入也

答歐陽崇一

來書云師云德性之良知非由於聞見若曰多聞擇其善者而從之多見而識之則是專求之見聞之末而已落在第二義竊

孔子云子罕篇語先生之解
與朱說異詳見下卷四十七版

意良知雖不由見聞而有然學者之知未
嘗不由見聞而發滯於見聞固非而見聞
亦良知之用也今日落在第二義恐爲專
以見聞爲學者而言若致其良知而求之
見聞似亦知行合一之功矣如何
良知不由見聞而有而見聞莫非良知之用
故良知不滯於見聞而亦不離於見聞孔子
云吾有知乎哉無知也良知之外別無知矣

鶻突　正字通示兒編云糊塗讀爲鶻突或曰糊塗不分曉也鶻隼也突起凶暴之狀也

故致良知是學問大頭腦是聖人教人第一義今云專求之見聞之末則是失卻頭腦而已落在第二義矣近時同志中蓋已莫不知有致良知之說然其功夫尚多鶻突者正是欠此一問大抵學問功夫只要主意頭腦是當若主意頭腦專以致良知為事則凡多聞多見莫非致良知之功蓋日用之間見聞酬酢雖千頭萬緒莫非良知之發用流行除卻

見聞酬酢亦無良知可致矣故只是一事若
曰致其良知而求之見聞則語意之間未免
爲二此與專求之見聞之末者雖稍不同其
爲未得精一之旨則一而已多聞擇其善者
而從之多見而識之既云擇又云識其良知
亦未嘗不行於其間但其用意乃專在多聞
多見上去擇識則已失卻頭腦矣崇一於此
等處見得當已分曉今日之問正爲發明此

師云　上文答周道通書中語

學於同志中極有益但語意未瑩則毫釐千里亦不容不精察之也

來書云師云繫言何思何慮是言所思所慮只是天理更無別思別慮耳非謂無思無慮也心之本體即是天理有何可思慮得學者用功雖千思萬慮只是要復他本體不是以私意去安排思索出來若安排思索便是自私用智矣學者之弊大率非

壬辛ハ正德十六年壬巳及嘉靖元年辛午之歲也

思曰ー睿作ー句共書經洪範語

心之官ー孟子告子上曰耳目之官不思而蔽於物物交物則引之而已矣心之官則思思則得之不思則不得也

沈空守寂則安排思索德辛壬之歲著箇一病近又著後一病但思索亦是良知發用其與私意安排者何所取別恐認賊作子惑而不知也

思曰睿睿作聖心之官則思思則得之思其可少乎沈空守寂與安排思索正是自私用智其爲喪失良知一也良知是天理之昭明靈覺處故良知卽是天理思是良知之發用

飼 云〻上文答周道通書中語

若是良知發用之思則所思莫非天理矣良知發用之思自然明白簡易良知亦自能知得若是私意安排之思自是紛紜勞擾良知亦自會分別得蓋思之是非邪正良知無有不自知者所以認賊作子正爲致知之學不明不知在良知上體認之耳

來書又云師云爲學終身只是一事不論有事無事只是這一件若說寧不了事不

已甚、孟子離婁下曰仲尼不爲已甚者集注已猶太也

已乎、助語也考出此卷四版

可不加培養卻是分爲兩事也竊意覺精力衰弱不足以終事者良知也寧不了事且加休養致知也如何卻爲兩事若事變之來有事勢不容不了而精力雖衰稍鼓舞亦能支持則持志以帥氣可矣然言動終無氣力畢事則困憊已甚不幾於暴其氣已乎此其輕重緩急良知固未嘗不知然或迫於事勢安能顧精力或困於精力

安能顧事勢如之何則可

寧不了事不可不加培養之意且與初學如此說亦不爲無益但作兩事看了便有病痛在孟子言必有事焉則君子之學終身只是集義一事義者宜也心得其宜之謂義能致良知則心得其宜矣故集義亦只是致良知君子之酬酢萬變當行則行當止則止當生則生當死則死斟酌調停無非是致其良知

君子素｜中庸語○思不出｜易艮大象傳及論語子罕篇曾子語○凡謀至能者歐陽修秋聲賦文
勞其筋骨至其所不能孟子告子下文

以求自慊而已故君子素其位而行思不出其位凡謀其力之所不及而強其知之所不能者皆不得爲致良知而凡勞其筋骨餓其體膚空乏其身行拂亂其所爲動心忍性以增益其所不能者皆所以致其良知也若云寧不了事不可不加培養者亦是先有功利之心較計成敗利鈍而愛憎取舍於其間是以將了事自作一事而培養又別作一事此

便有是内非外之意便是自私用智便是義外便有不得於心勿求於氣之病便不是致良知以求自謙之功矣所云鼓舞支持畢事則困憊已甚又云迫於事勢困於精力皆是把作兩事做了所以有此凡學問之功一則誠二則僞凡此皆是致良知之意欠誠一眞切之故大學言誠其意者如惡惡臭如好好色此之謂自謙曾見有惡惡臭好好色而須

論語憲問篇子曰不逆詐不億不信抑亦先覺者是賢乎

鼓舞支持者乎會見畢事則困憊已甚者乎會有迫於事勢困於精力者乎此可以知其受病之所從來矣

來書又有云人情機詐百出御之以不疑往往爲所欺覺則自入於逆億夫逆詐即詐也億不信即非信也爲人欺又非覺也不逆不億而常先覺其惟良知瑩徹乎然而出入毫忽之間背覺合詐者多矣

不逆不億而先覺此孔子因當時人專以逆詐億不信爲心而自陷於詐與不信又有不逆不億者然不知致良知之功而往往又爲人所欺詐故有是言非教人以是存心而專欲先覺人之詐與不信也以是存心即是後世猜忌險薄者之事而只此一念已不可與入堯舜之道矣不逆不億而爲人所欺者尚亦不失爲善但不如能致其良知而自然先

爲人所欺｜憲問注楊氏曰君子一於誠而已然未有誠而不明者故雖不逆詐不億不信而常先覺也若夫不逆不億而卒爲小人所罔焉斯亦不足觀也矣案先生是說暗論此注文之弊

實際｜出傳燈錄潙山傳字彙際極也
恒易以知｜易下係辭曰夫乾天下之至健也德行恒易以知險夫坤天下之至順也德行恒簡以知阻本義曰健者如自高臨下而知其險順者如自下趨上而知其阻蓋雖易而能知險則不陷於險矣既簡而又能知阻則不困於阻○今案險者易之反阻者簡之反也吾之德行既易簡則自然知其險阻而無疑猶邪者正之反而吾之德既正則一毫之邪無所不知也
先天至神乎易文言語○傳習下四十三版曰先天而天不違天即良知也後天而奉天時良知即天也

覺者之尤爲賢耳崇一謂其惟良知瑩徹者蓋已得其旨矣然亦穎悟所及恐未實際也蓋良知之在人心亘萬古塞宇宙而無不同不慮而知恒易以知險不學而能恒簡以知阻先天而天不違天且不違而況於人乎況於鬼神乎夫謂背覺合詐者是雖不逆人而或未能無自欺也雖不億人而或未能果自信也是或常有求先覺之心而未能常自覺

也常有求先覺之心即已流於逆億而足以
自蔽其良知矣此背覺合詐之所以未免也
君子學以爲己未嘗虞人之欺己也恒不自
欺其良知而已未嘗虞人之不信己也恒自
信其良知而已未嘗求先覺人之詐與不信
也恒務自覺其良知而已是故不欺則良知
無所僞而誠誠則明矣自信則良知無所惑
而明明則誠矣明誠相生是故良知常覺常

自信丨和版文錄第四答陸元靜第二書曰以講學異同議論方與吾儕可勝辨乎惟當反求諸己苟其言而是歟吾斯尚有所未信歟則當務求其是不得輒是己而非人也使其言而非歟吾斯既已自信歟則當益致其踐履之實以務求於自慊所謂默而成之不言而信者也云云〇第五答友人書曰君子之學務求在己而已毀譽榮辱之來非獨不以動其心且資之以爲切磋砥礪之地故君子無入不自得正以其無入而非學也若夫聞譽而喜聞毀而戚則將遑遑焉於外惟日之不足矣其何以爲君子往年駕在留都左右交讒某於武廟當時禍且不測僚屬咸危懼謂群疑若此宜圖所以自解者某曰君子不求天下之信己也自信而已吾方求以自信之不暇而暇求人之信己乎云云〇又答伍汝

傎書曰昔人有言何以止謗曰無辯人之是非毀譽如水之濕如火之熱久之必見豈能終掩其實者故有其事不可辯也無其事不必辯也無其事而辯之是自謗也有其事而辯之是增益己之惡而[illegible]人之怒也皆非所以自修而平物也云云○傳習錄所載並聶文蔚書自信之意深切著明可並案之

子思所謂語出中庸下同

照常覺常照則如明鏡之懸而物之來者自不能遁其妍媸矣何者不欺而誠則無所容其欺苟有欺焉而覺矣自信而明則無所容其不信苟不信焉而覺矣是謂易以知險簡以知阻子思所謂至誠如神可以前知者也然子思謂如神謂可以前知猶二而言之是蓋推言思誠者之功效是猶為不能先覺者說也若就至誠而言則至誠之妙用即謂之

整菴名欽順字允升文錄一卷
題下有庚辰二字○是正德十
五年先生四十九歲之書○年
譜是年六月如贛
匆匆一字彙匆字注曰怱凡急
遽者稱匆匆今俗于匆匆中斜
加一点讀怱失之遠甚矣

神不必言如神至誠則無知而無不知不必言可以前知矣

答羅整菴少宰書

某頓首啓昨承教及大學發舟匆匆未能奉答曉來江行稍暇復取手教而讀之恐至贛後人事復紛沓先具其畧以請來教云見道固難而體道尤難道誠未易明而學誠不可不講恐未可安於所見而遂以爲極則也幸

論語述而篇子曰德之不修學之不講聞義不能徙不善不能改是吾憂也

甚幸甚何以得聞斯言乎其敢自以爲極則而安之乎正思就天下之有道以講明之耳而數年以來聞其說而非笑之者有矣詬訾之者有矣置之不足較量辨議之者有矣其肯遂以教我乎其肯遂以教我而反覆曉諭惻然惟恐不及救正之乎然則天下之愛我者固莫有如執事之心深且至感激當何如哉夫德之不修學之不講孔子以爲憂而世

之學者稍能傳習訓詁即皆自以爲知學不復有所謂講學之求可悲矣夫道必體而後見非已見道而後加體道之功也道必學而後明非外講學而復有所謂明道之事也然世之講學者有二有講之以身心者有講之以口耳者講之以口耳揣摸測度求之影響者也講之以身心行著習察實有諸己者也知此則知孔門之學矣來教謂某太學古本

之復以人之爲學但當求之於內而程朱格
物之說不免求之於外遂去朱子之分章而
削其所補之傳非敢然也學豈有內外乎大
學古本乃孔門相傳舊本耳朱子疑其有所
脫誤而改正補緝之在某則謂其本無脫誤
悉從其舊而已矣失在於過信孔子則有之
非故去朱子之分章而削其傳也夫學貴得
之心求之於心而非也雖其言之出於孔子

而誤之誤今[illegible]及通本皆作補異本文錄及[illegible]書共作誤今從之

不敢以爲是也而況其未及孔子者乎求之於心而是也雖其言之出於庸常不敢以爲非也而況其出於孔子者乎且舊本之傳數千載矣今讀其文詞既明白而可通論其工夫又易簡而可入亦何所按據而斷其此段之必在於彼彼段之必在於此與此之如何而缺彼之如何而誤而遂改正補緝之無乃重於背朱而輕於叛孔已乎來教謂如必以

學不資於外求但當反觀內省以爲務則正心誠意四字亦何不盡之有何必於入門之際便困以格物一段工夫也誠然誠然若語其要則脩身二字亦足矣何必又言正心正心二字亦足矣何必又言誠意誠意二字亦足矣何必又言致知又言格物惟其工夫之詳密而要之只是一事此所以爲精一之學此正不可不思者也夫理無內外性無內外

精義至德也易下繫辭文
中庸曰成己仁也成物知也性
之德也合外內之道也

故學無內外講習討論未嘗非內也反觀內
省未嘗遺外也夫謂學必資於外求是以己
性爲有外也是義外也用智者也謂反觀內
省爲求之於內是以己性爲有內也是有我
也自私者也是皆不知性之無內外也故曰
精義入神以致用也利用安身以崇德也性
之德也合內外之道也此可以知格物之學
矣格物者大學之實下手處徹首徹尾自始

格物者格其心之物ー先生大學問發盡精微其如所謂身心意知者是其工夫所用之條理雖亦各有其所其實只是一物格致誠正修者是其條理所用之工夫雖亦皆有其名而其實只是一事宜熟玩

學至聖人只此工夫而已非但入門之際有此一段也夫正心誠意致知格物皆所以脩身而格物者其所用力日可見之地故格物者格其心之物也格其意之物也格其知之物也正心者正其物之心也誠意者誠其物之意也致知者致其物之知也此豈有內外彼此之分哉理一而已以其理之凝聚而言則謂之性以其凝聚之主宰而言則謂之心

以其主宰之發動而言則謂之意以其發動之明覺而言則謂之知以其明覺之感應而言則謂之物故就物而言謂之格就知而言謂之致就意而言謂之誠就心而言謂之正正者正此也誠者誠此也致者致此也格者格此也皆所謂窮理以盡性也天下無性外之理無性外之物學之不明皆由世之儒者認理爲外認物爲外而不知義外之說孟子

義外一出孟子告子上文公孫丑上云我故曰告子未嘗知義以其外之也

凡執事一案今之辨王子者亦
不過此數說夫先生之論明白
詳盡如此而猶以是譏之何其
頑

蓋嘗闚之乃至襲陷其内而不覺豈非亦有
似是而難明者與不可以不察也凡執事所
以致疑於格物之說者必謂其是内而非外
也必謂其專事於反觀内省之爲而遺棄其
講習討論之功也必謂其一意於綱領本原
之約而脱畧於支條節目之詳也必謂其沉
溺於枯槁虚寂之偏而不盡於物理人事之
變也審如是豈但獲罪於聖門獲罪於朱子

是邪說誣民叛道亂正人得而誅之也而況於執事之正直哉審如是世之稍明訓詁聞先哲之緒論者皆知其非也而況執事之高明哉凡某之所謂格物其於朱子九條之說皆包羅統括於其中但爲之有要作用不同正所謂毫釐之差耳然毫釐之差而千里之繆實起於此不可不辨孟子闢楊墨至於無父無君二子亦當時之賢者使與孟子並世

邪說誣民 孟子滕文公下語

人得而誅 孟子滕文公 距楊墨者邪說誣民正人人得而攻之不必聖賢如春秋之法亂臣賊子人人得而誅之不必士師也

朱子九條 朱子大學或問格物章舉程說九條曰此九條者皆言格物致知所當用力之地與其次第工程也 ○九條則言如下條

楊墨 考出于前 ○近思錄伊川先生曰儒者潛心正道不容有差其始甚微其終則不可救如師也過商也不及於聖人中道師只是過於厚些商只是不及些然而厚則漸至於兼愛不及則便至於爲我其過不及同出於儒者其末遂至楊墨至如楊墨亦未至於無父無君孟子推之便至於此蓋其差必至於是

所謂 一 象山集要第一與曾宅之書曰此豈非以學術殺天下哉

孟子語出滕文公下

而生未必不以之爲賢墨子兼愛行仁而過耳楊子爲我行義而過耳此其爲說亦豈滅理亂常之甚而足以眩天下哉而其流之弊孟子至比於禽獸夷狄所謂以學術殺天下後世也今世學術之弊其謂之學仁而過者乎謂之學義而過者乎抑謂之學不仁不義而過者乎吾不知其於洪水猛獸何如也孟子云予豈好辨哉予不得已也楊墨之道塞

韓氏語與孟尚書書中之文

衆方嘻嘻ー易家人九三家人嗃嗃悔厲吉婦子嘻嘻終吝

出涕ー易離六五出涕沱若戚嗟若吉

天下孟子之時天下之尊信楊墨當不下於今日之崇尚未說而孟子獨以一人呶呶於其間噫可哀矣韓氏云佛老之害甚於楊墨韓愈之賢不及孟子孟子不能救之於未壞之先而韓愈乃欲全之於已壞之後其亦不量其力且見其身之危莫之救以死也嗚呼若某者其尤不量其力果見其身之危莫之救以死也矣夫衆方嘻嘻之中而獨出涕嗟

晩年定論｜｜附錄於下卷以此書稱晩年者而其卅年之論或有之整菴議之故答書云云
一旦與之｜｜年譜正德三四年下當參考之
知我｜｜詩王風黍離知我者謂我心憂不知我者謂我何求悠

者舉世恬然以趨而獨疾首蹙額以爲憂此其非病狂喪心殆必誠有大苦者隱於其中而非天下之至仁其孰能察之其爲朱子晩年定論蓋亦不得已而然中間年歲早晩誠有所未考雖不必盡出於晩年固多出於晩年者矣然大意在委曲調停以明此學爲重平生於朱子之說如神明蓍龜一旦與之背馳心誠有所未忍故不得已而爲此知我者

悠々蒼天此何人哉

不直則道不見｜孟子滕文公上墨者夷之求見章孟子ノ語

謂我心憂不知我者謂我何求蓋不忍牴牾朱子者其本心也不得已而與之牴牾者道固如是不直則道不見也孰事所謂決與朱子異者僕敢自欺其心哉夫道天下之公道也學天下之公學也非朱子可得而私也非孔子可得而私也天下之公也公言之而已矣故言之而是雖異於已乃益於已也言之而非雖同於已適損於已也益於已者已必

君子之過一節出論語子張篇

小人之過同上

喜之損於己者己必惡之然則某今日之論雖或於朱子異未必非其所喜也君子之過如日月之食其更也人皆仰之而小人之過也必文某雖不肖固不敢以小人之心事朱子也執事所以教反覆數百言皆以未悉鄙人格物之說若鄙說一明則此數百言皆可以不待辨說而釋然無滯故今不敢縷縷以滋瑣屑之瀆然鄙說非面陳口析斷亦未能

了了於紙筆間也嗟乎執事所以開道啓迪於我者可謂懇到詳切矣人之愛我寧有如執事者乎僕雖甚愚下寧不知所感刻佩服然而不敢遽舍其中心之誠然而姑以聽受云者正不敢有負於深愛亦思有以報之耳秋盡東還必求一面以卒所請千萬終教

訴請 和刊本作淅讀全書及異本傳習錄皆作訴請今從之

答聶文蔚

聶文蔚名豹蔚音畏是嘉靖五年八月書○據前後例則題下當有嘉靖丙戌四字是年聶豹以御史巡按福建錢德洪來見先生云云然此書曰春間則譜言夏者失考也○案異本傳習錄斷自是以下爲中卷之四○異本文錄第三載之而無證惓惓二字及已期至靜地十二亥復至無甚廿七守而板留之上有甚欲一字流慰之下有可知二字與本傳習錄亦同 ▲惓惓一字稟謹也

春間遠勞迂途枉顧問證惓惓此情何可當

怏怏丨全書作快者非也
無甚丨甚疑堪字誤然全書亦作甚
浣慰丨浣與澣同音緩濯垢也

也已期一二同志更處靜地校留旬日必致其鄙見以求切劘之益而公期倚絆勢有不能別太極怏怏如有所失忽承箋惠又覆千餘言讀之無甚浣慰中間推許太過蓋亦奬掖之盛心而規礪眞切思欲納之於賢聖之域又托諸崇上以致其勤勤懇懇之懷此非淡交篤愛何以及是知感知媿且懼其無以堪之也雖然僕亦何敢不自鞭勉而徒以感

天下信之｜此卷七十一版億
逆之説及冠注詳之
不見是｜易文言曰遯世無悶
不見是無悶
譊譊｜字彙註譁也

媿辭讓爲乎哉其謂思孟周程無意相遭於千載之下與其盡信於天下不若眞信於一人道固自在學亦自在天下信之不爲多一人信之不爲少者斯固君子不見是而無悶之心豈世之譊譊屑屑者知足以及之乎乃僕之情則有大不得已者存乎其間而非以計人之信與不信也夫人者天地之心天地萬物本吾一體者也生民之困苦荼毒孰非

疾痛之切於吾身者乎不知吾身之疾痛無是非之心者也是非之心不慮而知不學而能所謂良知也良知之在人心無間於聖愚天下古今之所同也世之君子惟務致其良知則自能公是非同好惡視人猶己視國猶家而以天地萬物爲一體求天下無治不可得矣古之人所以能見善不啻若己出見惡不啻若己入視民之饑溺猶己之饑溺而一

一夫不獲｜孟子萬章上。思天下之民匹夫匹婦有不被堯舜之澤者。若己推而內之溝中。

言而民｜中庸云。溥博如天。淵泉如淵。見而民莫不敬。言而民莫不信。行而民莫不說。是以聲名洋溢乎中國。施及蠻貊。舟車所至。人力所通。天之所覆。地之所載。日月所照。霜露所隊。凡有血氣者。莫不尊親。故曰配天。

熙熙皞皞考｜出前孟子盡心上殺之而不怨。利之而不庸。民日遷善。不知爲之者也。

夫不獲。若己推而納諸溝中者。非故爲是而以斬天下之信己也。務致其良知求自慊而已矣。堯舜三王之聖。言而民莫不信者。致其良知而言之也。行而民莫不說者。致其良知而行之也。是以其民熙熙皞皞。殺之不怨。利之不庸。施及蠻貊。而凡有血氣者莫不尊親。爲其良知之同也。嗚呼。聖人之治天下。何其簡且易哉。後世良知之學不明。天下之人用

訐人之私一論語陽貨篇子貢
曰惡訐以爲直者

其私智以相比軋是以人各有心而偏頗僻
陋之見狡僞陰邪之術至於不可勝說外假
仁義之名而內以行其自私自利之實詭辭
以阿俗矯行以干譽撓人之善而襲以爲己
長訐人之私而竊以爲己直忿以相勝而猶
謂之徇義險以相傾而猶謂之疾惡妬賢忌
能而猶自以爲公是非恣情縱欲而猶自以
爲同好惡相陵相賊自其一家骨肉之親已

不能無爾我勝負之意彼此藩籬之形而況於天下之大民物之衆又何能一體而視之則無怪於紛紛籍籍而禍亂相尋於無窮矣僕誠賴天之靈偶有見於良知之學以爲必由此而後天下可得而治是以每念斯民之陷溺則爲之戚然痛心忘其身之不肖而思以此救之亦不自知其量者天下之人見其若是遂相與非笑而詆斥之以爲是病狂喪

匍匐——詩經邶風谷風篇曰凡民有喪匍匐救之集傳云匍匐手足並行急遽之甚也

忘之人耳嗚呼是奚足恤哉吾方疾痛之切體而暇計人之非笑乎人固有見其父子兄弟之墜溺於深淵者呼號匍匐裸跣顛頓扳懸崖壁而下拯之士之見者方相與揖讓談笑於其傍以爲是棄其禮貌衣冠而呼號顛頓若此是病狂喪心者也故夫揖讓談笑於溺人之傍而不知救此惟行路之人無親戚骨肉之情者能之然已謂之無惻隱之心非

人矣若夫在父子兄弟之愛者則固未有不痛心疾首狂奔盡氣匍匐而拯之彼將陷溺之禍有不顧而況於病狂喪心之譏乎而又況於蘄人之信與不信乎嗚呼今之人雖謂僕爲病狂喪心之人亦無不可矣天下之人心皆吾之心也天下之人猶有病狂者矣吾安得而非病狂乎猶有喪心者矣吾安得而非喪心乎昔者孔子之在當時有議其爲諂

爲諂｜論語八佾篇子曰事君盡禮人以爲諂也 ▲爲佞｜又憲問篇微生畝謂孔子曰丘何爲是栖栖者與無乃爲佞乎 ▲未賢｜又子張篇曰叔孫武叔語大夫於朝曰子貢賢於仲尼○又叔孫武叔毀仲尼云云 ▲又陳子禽謂子貢曰子爲恭也仲尼豈賢於子乎云云 ▲不知禮｜又八佾子入太廟每事問或曰孰謂鄹人之子知禮云云 ▲又述而陳

司敗問曰昭公知禮乎孔子曰知禮孔子退揖巫馬期進之曰吾聞君子不黨君子亦黨乎君取於吳爲同姓謂之吳孟子君而知禮孰不知禮 ▲東家丘ー家語魯人不知孔子聖人乃曰東家丘者知之矣

▲嫉而沮之ー論語序說定公十四年乙巳孔子年五十六攝行相事ー魯國大治齊人歸女樂以沮之 ▲欲殺之ー又適宋司馬桓魋欲殺之○又述而曰天生德於予桓魋其如予何 ▲晨門ー又憲問子路宿於石門晨門曰奚自子路曰自孔氏曰是知其不可而爲之者與 ▲荷蕢ー又曰子擊磬於衛有荷蕢而過孔氏之門者曰有心哉擊磬乎既而曰鄙哉硜硜乎莫已知也斯已而已矣深則厲淺則揭 ▲升堂ー又先進子曰由也升堂矣未入於室也 ▲所見ー又雍也子見南子子路不說 ▲欲往ー又陽貨公山弗擾以費畔召子欲往子路不說

者有譏其爲佞者有毀其未賢詆其爲不知禮而侮之以爲東家丘者有嫉而沮之者有惡而欲殺之者晨門荷蕢之徒皆當時之賢士且曰是知其不可而爲之者與鄙哉硜硜乎莫已知也斯已而已矣雖子路在升堂之列尚不能無疑於其所見不悅於其所欲往而且以之爲迂則當時之不信夫子者豈特十之二三而已乎然而夫子汲汲遑遑若求

乚子於道路而不暇於煖席者寧以蘄人之知我信我而已哉蓋其天地萬物一體之仁疾痛迫切雖欲已之而自有所不容已故其言曰吾非斯人之徒與而誰與欲潔其身而亂大倫果哉末之難矣嗚呼此非誠以天地萬物爲一體者孰能以知夫子之心乎若其遯世無悶樂天知命者則固無入而不自得道並行而不相悖也僕之不肖何敢以夫子

云云。○又佛肸召子欲往子路不說云云 ▲爲迂—子路篇子路曰衛君待子而爲政子將奚先子曰必也正名乎子路曰有是哉子之迂也云云 ▲汲汲—不息貌 ▲遑遑—字彙急也今案與皇皇同禮記檀弓下皇皇焉如有求而弗得注猶栖栖也 ▲不遑於煖席—班孟堅答賓戲曰孔席不暖墨突不黔○又韓退之諍臣論孔席不暇暖而墨突不得黔 ▲吾非斯—論語微子下長沮桀溺耦而耕—夫子憮然曰鳥獸不可與同羣吾非斯人之徒與而誰與云云、○又子路從而後—君臣之義如之何其廢之欲潔其身而亂大倫云云 ▲果哉—事見憲問篇 ○象山集要第一與姪孫濬書曰孔子之轍環於天下長沮桀溺楚狂接輿負蕢植杖之流剌譏玩慢見於論語者如此耳云云 ○聖人不免於毀謗—下小卷二十八版叔孫武叔條可參考 ▲遯世—出易文言 ▲樂天—

之道爲己任顧其心亦已稍知疾痛之在身是以徬徨四顧將求其有助於我者相與講去其病耳今誠得豪傑同志之士扶持匡翼共明良知之學於天下使天下之人皆知自致其良知以相安相養去其自私自利之蔽一洗讒妬勝忿之習以濟於大同則僕之狂病固將脫然以愈而終免於喪心之患矣豈不快哉嗟乎今誠欲求豪傑同志之士於天

下非如吾文蔚者而誰望之乎如吾文蔚之才與志誠足以援天下之溺者今又既知其具之在我而無假於外求矣循是而充若決河注海孰得而禦哉文蔚所謂一人信之不爲少其又能遂以委之何人乎會稽素號山水之區深林長谷信步皆是寒暑晦明無時不宜安居飽食塵囂無擾良朋四集道義日新優哉游哉天地之間寧復有樂於是者孔

孔子云語出憲問篇

恝然丨孟子萬章上曰不若是恝

恝注無愁貌

二丨與本文錄題下有戊子字

是嘉靖七年也先生于時五十

七歲是年十一月先生卒案年

譜是其十月之書也

諦丨字讀音帝審也

子云不怨天不尤人下學而上達僕與二三同志方將請事斯語奚暇外慕獨其切膚之痛乃有未能恝然者輒復云云爾咳疾暑毒書札絕懶盛使遠來遲留經月臨岐執筆又不覺累紙蓋於相知之深雖已縷縷至此殊覺有所未能盡也

二

得書見近來所學之驟進喜慰不可言諦視

康莊丨爾雅道路五達謂之康六達謂之莊○神宗元詩周士舞康莊

賺丨字彙音暫重賣也又錯也○集韻虛收物不實○祖庭事苑三可當作詐佇陷切被誑也

近入炎方丨軍務丨案年譜茲年二月平思田二州之名七月破八寨斷藤峽十月疏請告曰臣自往年承之南贛爲炎毒所中遂患咳痢之疾歲滋甚其後退休林野稍就醫藥而疾亦終不能止自去歲入廣炎毒益甚力疾從事竣事而出遂爾不復能興云云

數過其間雖亦有一二未瑩徹處卻是致良知之功尚未純熟到純熟時自無此矣譬之驅車既已由於康莊大道之中或時橫斜迂曲者乃馬性未調銜勒不齊之故然已只在康莊大道中決不賺入傍蹊曲徑矣近時海內同志到此地位者曾未多見喜慰不可言斯道之幸也賤軀舊有咳嗽畏熱之病近入炎方輒復大作主上聖明洞察責付甚重

不敢遽辭地方軍務冗沓皆輿疾從事今卻
幸已平定已具本乞回養病得在林下稍就
清涼或可瘳耳人還伏枕草草不盡傾企外
惟濬一簡幸達致之

來書所詢草草奉復一二近歳來山中講學
者往往多説勿忘勿助工夫甚難問之則云
才著意便是助才不著意便是忘所以甚難
區區因問之云忘是忘箇甚麽助是助箇甚

提撕―撕音西亦提義困學紀聞云字出詩抑箋

麼其人默然無對始請問區區因與說我此間講學卻只說箇必有事焉不說勿忘勿助必有事焉者只是時時去集義若時時去用必有事的工夫而或有時間斷此便是忘了即須勿忘時時去用必有事的工夫而或有時欲速求效此便是助了即須勿助其工夫全在必有事焉上用勿忘勿助只就其間提撕警覺而已若是工夫原不間斷即不須更

鬻｜字彙腫與切烹也師古云古煮字前漢食貨志治鑄鬻鹽

說勿忘原不欲速求效即不須要說勿助此其工夫何等明白簡易何等灑脫自在今卻不去必有事上用工而乃懸空守著一箇勿忘勿助此正如燒鍋鬻飯鍋內不曾漬水下米而乃專去添柴放火不知畢竟鬻出箇甚麼物來吾恐火候未及調停而鍋已先破裂矣近日一種專在勿忘勿助上用工者其病正是如此終日懸空去做箇勿忘又懸空去

耽閣｜一本耽作擔下卷二十二版耽閣此卷九十七版耽誤皆同案耽擔音相通俗語詞猶謂倚閣李退溪集十七云凡事姑置不行謂之倚閣

做箇勿助渀渀蕩蕩全無實落下手處究竟工夫只做得箇沉空守寂學成一箇癡騃漢才遇些子事來即便牽滯紛擾不復能經綸宰制此皆有志之士而乃使之勞苦纏縛耽閣一生皆由學術誤人之故甚可憫矣夫必有事焉只是集義集義只是致良知說集義則一時未見頭腦說致良知即當下便有實地步可用工故區區專說致良知隨時就事

上致其良知便是格物著實去致良知便是誠意著實致其良知而無一毫意必固我便是正心著實致良知則自無忘之病無一毫意必固我則自無助之病故説格致誠正則不必更説箇忘助孟子説忘助亦就告子得病處立方告子強制其心是助的病痛故孟子專説助長之害告子助長亦是他以義爲外不知就自心上集義在必有事焉上用功

不得於言是乃告子強制其
心語見孟子浩然章
固大有功孟子序說程子曰
孟子便說許多養氣出來只此
二字其功甚多

是以如此若時時刻刻就自心上集義則良知之體洞然明白自然是是非非纖毫莫遁又焉有不得於言勿求於心不得於心勿求於氣之弊乎孟子集義養氣之說固大有功於後學然亦是因病立方說得大段不若大學格致誠正之功尤極精一簡易爲徹上徹下萬世無弊者也聖賢論學多是隨時就事雖言若是殊而要其工夫頭腦若合符節緣

攙和｜字彙初銜切推也扶也
搭｜字彙答打也

天地之間原只有此性只有此理只有此良知只有此一件事耳故凡就古人論學處說工夫更不必攙和兼搭而說自然無不脗合貫通者才須攙和兼搭而說卽是自己工夫未明徹也近時有謂集義之功必須兼搭箇致良知而後備者則是集義之功尚未了徹也集義之功尚未了徹適足以爲致良知之累而已矣謂致良知之功必須兼搭一箇勿

忘勿助而後明者則是致良知之功尚未了徹也致良知之功尚未了徹適足以爲勿忘勿助之累而已矣若此者皆是就文義上解釋牽附以求渾融湊泊而不曾就自己實工夫上體驗是以論之愈精而去之愈遠文蔚之論其於大本達道既已沛然無疑至於致知窮理及忘助等說時亦有攙和兼搭處卻是區區所謂康莊大道之中或時橫斜迂曲

蓋良知一條自一箇至發見處
一連當一氣讀之

者到得工夫熟後自將釋然矣文蔚謂致知
之說求之事親從兄之間便覺有所持循者
此段最見近來眞切篤實之功但以此自爲
不妨自有得力處以此遂爲定說教人卻未
免又有因藥發病之患亦不可不一講也蓋
良知只是一箇天理自然明覺發見處只是
一箇眞誠惻怛便是他本體故致此良知之
眞誠惻怛以事親便是孝致此良知之眞誠

惻怛以從兄便是弟致此良知之真誠惻怛以事君便是忠只是一箇良知一箇真誠惻怛若是從兄的良知不能致其真誠惻怛即是事親的良知不能致其真誠惻怛矣事君的良知不能致其真誠惻怛即是從兄的良知不能致其真誠惻怛矣故致得事君的良知便是致卻從兄的良知致得從兄的良知便是致卻事親的良知不是事君的良知不

自有輕重厚薄下卷三十七
版問大人與物同體條把手足
捍頭目之譬說得明詳
所謂程子曰識得則事事物
物上皆天然有箇中在那上不
待人安排也安排非中大學或
問亦載之案程子以事物言之
王子以心理說之也

能致卻須又從事親的良知上去擴充將來如此又是脫卻本原著在支節上求了良知只是一箇隨他發見流行處當下具足更無去來不須假借然其發見流行處卻自有輕重厚薄毫髮不容增減者所謂天然自有之中也雖則輕重厚薄毫髮不容增減而原又只是一箇雖則只是一箇而其間輕重厚薄又毫髮不容增減若可得增減若須假借卽

語大ノ二句中庸語
孟氏 告子下云徐行後長者謂之弟疾行先長者謂之不弟夫徐行者豈人所不能哉所不為也堯舜之道孝弟而已矣

已非其眞誠惻怛之本體矣此良知之妙用所以無方體無窮盡語大天下莫能載語小天下莫能破者也孟氏堯舜之道孝弟而已者是就人之良知發見得最眞切篤厚不容蔽昧處提省人使人於事君處友仁民愛物與凡動靜語默間皆只是致他那一念事親從兄眞誠惻怛的良知即自然無不是道蓋天下之事雖千變萬化至於不可窮詰而但

惟致此事親從兄一念眞誠惻怛之良知以應之則更無有遺缺滲漏者正謂其只有此一箇良知故也事親從兄一念良知之外更無有良知可致得者故曰堯舜之道孝弟而已矣此所以爲惟精惟一之學放之四海而皆準施諸後世而無朝夕者也文蔚云欲於事親從兄之間而求所謂良知之學就自己用工得力處如此說亦無不可若曰致其良

明道ー語出學而篇集註

億逆ー見上

旁行ー易上繫辭旁行而不流樂天知命

曲防ー孟子告子下桓公五命曰無曲防云云然非此義禮記坊記君子禮以坊德刑以坊淫命以坊欲陳注坊與防同言君子以道防民之失猶以隄防過水之流也恐是此義言委曲防禦也

惟濬之言ー和版文錄第五與陳惟濬書曰近得聶文蔚書知已入漕患難困苦之餘所以動心忍性增益其所不能者宜必有所進養之以福正在此時不得空放過也聖賢論學無不可用之工只是致良知三字尤簡易明白有實下手處更無走失近時同志亦已無不知有致良知之說然能於此實用

知之眞誠惻怛以求盡夫事親從兄之道焉亦無不可也明道云行仁自孝弟始孝弟是仁之一事謂之行仁之本則可謂是仁之本則不可其說是矣億逆先覺之說文蔚謂誠則旁行曲防皆良知之用甚善甚善間有攙搭處則前已言之矣惟濬之言亦未爲不是在文蔚須有取於惟濬之言而後盡在惟濬又須有取於文蔚之言而後明不然則亦未

者紛紛皆緣見得良知未真又將致字太易了是以多未有得力處云云

察邇言｜中庸子曰舜其大知也與舜好問而好察邇言
詢芻蕘｜詩大雅板篇曰先民有言詢于芻蕘先民古之賢人也芻蕘采薪者
罣｜字彙古話切音卦礙也
盡心｜說見于上卷之十版中卷之七版至此益明備矣合味其意蓋

免各有倚著之病也舜察邇言而詢芻蕘非是以邇言當察芻蕘當詢而後如此乃良知之發見流行光明圓瑩更無罣礙遮隔處此所以謂之大知才有執著意必其知便小矣講學中自有去取分辨然就心地上著實用工夫卻須如此方是盡心三節區區曾有生知學知困知之說頗已明白無可疑者蓋盡心知性知天者不必說存心養性事天不必

說殀壽不貳修身以俟而存心養性與修身以俟之功已在其中矣存心養性事天者雖未到得盡心知天的地位然已是在那裏做箇求到盡心知天的工夫更不必說殀壽不貳修身以俟而殀壽不貳修身以俟之功已在其中矣譬之行路盡心知天者如年力壯健之人既能奔走往來於數千百里之間者也存心事天者如童穉之年使之學習步趨

於庭除之間者也然壽不貳修身以俟者如
襁抱之孩方使之扶墻傍壁而漸學起立移
步者也既已能奔走往來於數千里之間者
則不必更使之於庭除之間而學步趨而步
趨於庭除之間自無弗能矣既已能步趨於
庭除之間則不必更使之扶墻傍壁而學起
立移步而起立移步自無弗能矣然學起立
移步便是學步趨庭除之始學步趨庭除便

知之成功中庸云及其知之一也又云及其成功一也是合說二句

專心孟子告子上奕之爲數爲小數不專心致志則不得

是學奔走往來於數千里之基固非有二事但其工夫之難易則相去懸絶矣心也性也天也一也故及其知之成功則一然而三者人品力量自有階級不可躐等而能也細觀文蔚之論其意似恐盡心知天者廢卻存心修身之功而反爲盡心知天之病是蓋爲聖人憂工夫之或間斷而不知爲自己憂工夫之未眞切也吾儕用工卻須專心致志在殀

壽不貳修身以俟上做只此便是做盡心知

天功夫之始正如學起立移步便是學奔走

千里之始吾方自慮其不能起立移步而豈

遽慮其不能奔走千里又況爲奔走千里者

而慮其或遺忘於起立移步之習哉文蔚識

見本自超絕邁往而所論云然者亦是未能

脫去舊時解說文義之習是爲此三段書分

疏比合以求融會貫通而自添許多意見纏

耽｜一本作撓音遶

繞反使用工不專一也近時懸空去做勿忘勿助者其意見正有此病最能耽誤人不可不滌除耳所謂尊德性而道問學一節至當歸一更無可疑此便是文蔚曾著實用工然後能為此言此本不是險僻難見的道理人或意見不同者還是良知尚有纖翳潛伏若除去此纖翳即自無不洞然矣已作書後移臥簷間偶遇無事遂復答此文蔚之學既已

諄諄 孟子萬章上言諄諄然命之乎註詳語貌

此卷一本以答人論學書為第一以答周道通書以下為第二答歐陽崇一書以下為第三答聶文蔚書為第四訓蒙之前載立志說一條合為第五於終書右門人南大吉錄七字據非

得其大者此等處久當釋然自解本不必屑屑如此分疏但承相愛之厚千里遣人遠及諄諄下問而竟虛來意又自不能已於言也然直戇煩縷已甚恃在信愛當不為罪惟濬處及謙之崇一處各得轉錄一通寄視之尤承一體之好也

右南大吉錄

謹曰大吉取先生論學書復增五卷見嘉靖三十年則是似爲得之爲然竊意德洪小序言摘錄先師手書八篇而歷舉之而未及立志訓蒙之二條而所謂五卷者亦未知其元本否則是恐後人所增而非元善之舊矣然訓蒙篇收於此書旣尚矣而於其蒙養之正最不可欠也至立志說又直指精切無有過之者而學者用功當務之第一義與故從退溪本之次第而共存之但右南大吉錄之五字則從通行印本存之於此云〇大吉即元善也

立志説山和刊文録第八題下有乙亥字是正德十年而先生四十四歳在南京

守文ー龍山公第二子案世德紀海日翁行狀先生之四子長守仁次守儉次守文次守章

程子伊川語近思錄爲學及論語集注載之

示弟立志説

予弟守文來學告之以立志守文因請次第其語使得時時觀省且請淺近其辭則易於通曉也因書以與之

夫學莫先於立志志之不立猶不種其根而徒事培擁灌溉勞苦無成矣世之所以因循苟且隨俗習非而卒歸於汚下者凡以志之弗立也故程子曰有求爲聖人之志然後可

與其學人苟誠有求爲聖人之志則必思聖
人之所以爲聖人者安在非以其心之純乎
天理而無人欲之私歟聖人之所以爲聖人
惟以其心之純乎天理而無人欲則我之欲
爲聖人亦惟在於此心之純乎天理而無人
欲耳欲此心之純乎天理而無人欲則必去
人欲而存天理務去人欲而存天理則必求
所以去人欲而存天理之方求所以去人欲

考諸古訓｜書經說命下ニ曰學于古訓乃有獲事不師古以克永世匪說攸聞

記曰｜是禮記學記ノ語

而存天理之方則必正諸先覺考諸古訓而凡所謂學問之功者然後可得而講而亦有所不容已矣夫所謂正諸先覺者既以其人爲先覺而師之矣則當專心致志惟先覺之爲聽言有不合不得棄置必從而思之思之不得又從而辨之務求了釋不敢輒生疑惑故記曰師嚴然後道尊道尊然後民知敬學苟無尊崇篤信之心則必有輕忽慢易之意

言之而聽之不審猶不聽也聽之而思之不
慎猶不思也是則雖曰師之猶不師也
夫所謂考諸古訓者聖賢垂訓莫非教人去
人欲而存天理之方若五經四書是已吾惟
欲去吾之人欲存吾之天理而不得其方是
以求之於此則其展卷之際真如饑者之於
食求飽而已病者之於藥求愈而已暗者之
於燈求照而已跛者之於杖求行而已曾有

十有五―出論語爲政篇

志氣之帥―孟子公孫丑上語

徒事記誦講説以資口耳之弊哉夫立志亦不易矣孔子聖人也猶曰吾十有五而志于學三十而立立者志立也雖至於不踰矩亦志之不踰矩也志豈可易而視哉夫志氣之帥也人之命也木之根也水之源也源不濬則流息根不植則木枯命不續則人死志不立則氣昏是以君子之學無時無處而不以立志爲事正目而視之無他見也

猫捕丨考出上卷

責此志丨近思録為學類明道先生曰學者為氣所勝習所奪只可責志

傾耳而聽之無他聞也如猫捕鼠如鷄覆卵精神心思凝聚融結而不復知有其他然後此志常立神氣精明義理昭著一有私欲即便知覺自然容住不得矣故凡一毫私欲之萌只責此志不立即私欲便退聽一毫客氣之動只責此志不立即客氣便消除或怠心生責此志即不怠忽心生責此志即不忽懆心生責此志即不懆妬心生責此志即不妬

忿心生責此志即不忿貪心生責此志即不貪傲心生責此志即不傲吝心生責此志即不吝蓋無一息而非立志責志之時無一事而非立志責志之地故責志之功其於去人欲有如烈火之燎毛太陽一出而魍魎潛消也自古聖賢因時立教雖若不同其用功大指無或少異書謂惟精惟一易謂敬以直內義以方外孔子謂格致誠正博文約禮曾子

謂忠恕子思謂尊德性而道問學孟子謂集義養氣求其放心雖若人自為說有不可強同者而求其要領歸宿合若符契何者夫道一而已道同則心同心同則學同其卒不同者皆邪說也後世大患尤在無志故今以立志為說中間字字句句莫非立志蓋終身問學之功只是立得志而已若以是說而合精一則字字句句皆精一之功以是說而合敬

符契｜字彙契合也刻也約也○孟子離婁下若合符節注符節以玉篆刻文字而中分之彼此各藏其半有故則左右相合以為信若合符節言其同

訓蒙年譜正德十三年四月二十社學下有此事可參考

義則字字句句皆敬義之功其諸格致博約忠恕等說無不脗合但能實心體之然後信予言之非妄也

訓蒙大意示教讀劉伯頌等

古之教者教以人倫後世記誦詞章之習起而先王之教亡今教童子惟當以孝弟忠信禮義廉恥為專務其栽培涵養之方則宜誘之歌詩以發其志意導之習禮以肅其威儀

諷之讀書以開其知覺今人往往以歌詩習
禮爲不切時務此皆末俗庸鄙之見烏足以
知古人立教之意哉大抵童子之情樂嬉遊
而憚拘檢如草木之始萌芽舒暢之則條達
摧撓之則衰痿今教童子必使其趨向鼓舞
中心喜悅則其進自不能已譬之時雨春風
霑被卉木莫不萌動發越自然日長月化若
冰霜剝落則生意蕭索日就枯槁矣故凡誘

之歌詩者非但發其志意而已亦所以洩其跳號呼嘯於詠歌宣其幽抑結滯於音節也導之習禮者非但肅其威儀而已亦所以周旋揖讓而動盪其血脈拜起屈伸而固束其筋骸也諷之讀書者非但開其知覺而已亦所以沉潛反復而存其心抑揚諷誦以宣其志也凡此皆所以順導其志意調理其性情潛消其鄙吝默化其麤頑日使之漸於禮義

而不苦其難入於中和而不知其故是蓋先
王立教之微意也若近世之訓蒙穉者日惟
督以句讀課倣責其檢束而不知導之以禮
求其聰明而不知養之以善鞭撻繩縛若待
拘囚彼視學舍如囹獄而不肯入視師長如
寇仇而不欲見窺避掩覆以遂其嬉遊設詐
飾詭以肆其頑鄙偷薄庸劣日趨下流是蓋
驅之於惡而求其為善也何可得乎凡吾所

將去｜是年十二月乞致仕不允事見年譜

改廢｜孟子盡心上大匠不爲拙工改廢繩墨

蒙以｜易蒙彖傳曰蒙以養正聖功也

以教其意實在於此恐時俗不察視以爲迂且吾亦將去故特叮嚀以告爾諸教讀其務體吾意永以爲訓毋輒因時俗之言改廢其繩墨庶成蒙以養正之功矣念之念之

教約

每日清晨諸生參揖畢教讀以次遍詢諸生在家所以愛親敬長之心得無懈忽未能眞切否溫凊定省之儀得無虧缺未能實踐否

一應一俗語 中巻四十九版一
應私心詞

往來街衢步趨禮節得無放蕩未能謹飭否一應言行心術得無欺妄非僻未能忠信篤敬否諸童子務要各以實對有則改之無則加勉教讀復隨時就事曲加誨諭開發然後各退就席肄業

凡歌詩須要整容定氣清朗其聲音均審其節調毋躁而急毋蕩而囂毋餒而慴久則精神宣暢心氣和平矣每學量童生多寡分為

四班每日輪一班歌詩其餘皆就席斂容肅
聽每五日則總四班遞歌於本學每朔望集
各學會歌於書院

凡習禮須要澄心肅慮審其儀節度其容止
毋忽而惰毋沮而怍毋徑而野從容而不失
之迂緩修謹而不失之拘局久則體貌習熟
德性堅定矣童生班次皆如歌詩每間一日
則輪一班習禮其餘皆就席斂容肅觀習禮

之日免其課做每十日則總四班迺習於本學每朔望則集各學會習於書院

凡授書不在徒多但貴精熟量其資稟能二百字者止可授以一百字常使精神力量有餘則無厭苦之患而有自得之美諷誦之際務令專心一志口誦心惟字字句句細繹反覆抑揚其音節寬虛其心意久則義體浹洽聰明日開矣

神而明　易上係辭

每日工夫先考德次背書誦書次習禮或作課倣次復誦書講書次歌詩凡習禮歌詩之類皆所以常存童子之心使其樂習不倦而無暇及於邪僻教者知此則知所施矣雖然此其大畧也神而明之則存乎其人

傳習錄卷之中終

【陽明文庫】古籍整理系列

標注傳習録

·下册·

【〔明〕王守仁 著　〔日〕三輪執齋 標注】

陽明文庫

孔學堂書局

案一本題下有續錄二字據德洪跋文今從之

乙亥一正德十年先生四十四歲

傳習錄卷之下

續錄

正德乙亥九川初見先生於龍江先生與甘泉先生論格物之說甘泉持舊說先生曰是求之於外了甘泉曰若以格物理爲外是自小其心也九川甚喜舊說之是先生又論盡心一章九川一聞却遂無疑後家居復以格物遺質先生答云但能實地用功久當自釋山閒乃自錄大學舊本讀之

覺朱子格物之說非是然亦疑先生以意之所在爲物物字未明己卯歸自京師再見先生於洪都先生兵務倥傯乘隙講授首問近年用功何如九川曰近年體驗得明明德功夫只是誠意自明明德於天下步步推入根源到誠意上再去不得如何以前又有格致工夫後又體驗覺得意之誠僞必先知覺乃可以顏子有不善未嘗

所在一通本作所如今從本集改之

己卯　正德十四年先生四十八歳在江西六月奉勅勘處福建叛軍聞宸濠反遂還起義兵事王子譜

顏氏一易係辭下曰顏子之子其殆庶幾乎有不善未嘗不知知之未嘗復行也

格去一司馬溫公格物致知之說曰格猶扞也禦也能扞禦外物而後知至道云云朱文公大學或問辨之○文錄第二答王天宇第二書曰扞禦外物之說未為甚害然止捍禦於其外則未有拔去病根之意非所謂克己求仁之功矣○後世林兆恩亦為扞去物欲之說然其學三教一致之宗也

不知知之未嘗復行爲證豁然若無疑卻又多了格物功夫又思來吾心之靈何有不知意之善惡只是物欲蔽了須格去物欲始能如顏子未嘗不知耳又自疑功夫顛倒與誠意不成片段後問希顏希顏曰先生謂格物致知是誠意功夫極好九川曰如何是誠意功夫希顏令再思體看九川終不悟請問先生曰惜哉此可一言而

悟惟濬所舉顏子事便是了只要知身心意知物是一件九川疑曰物在外如何與身心意知是一件先生曰耳目口鼻四肢身也非心安能視聽言動心欲視聽言動無耳目口鼻四肢亦不能故無心則無身無身則無心但指其充塞處言之謂之身指其主宰處言之謂之心指心之發動處謂之意指意之靈明處謂之知指意之涉

著處謂之物只是一件意未有懸空的必
著事物故欲誠意則隨意所在某事而格
之去其人欲而歸於天理則良知之在此
事者無蔽而得致矣此便是誠意的功夫
九川乃釋然破數年之疑又問甘泉近亦
信用大學古本謂格物猶言造道又謂窮
理如窮其巢穴之窮以身至之也故格物
亦只是隨處體認天理似與先生之說漸

甘泉ノ和文錄三答甘泉書云
向在龍江舟次亦嘗進其大學
舊本及格物諸說兄時未以為
然而僕亦遂置不復強聒者知
兄之不久自當釋然於此也乃
今果獲所願喜躍何可言云云
造道ノ二程全書遺書曰有有
德之言有造道之言有述事之

同先生曰甘泉用功所以轉得來當時與說親民字不須改他亦不信今論格物亦近但不須換物字作理字只還他一物字便是後有人問九川曰今何不疑物字曰中庸曰不誠無物程子曰物來順應又如物各付物胷中無物之類皆古人常用字也他日先生亦云然

○九川問近年因厭泛濫之學每要靜坐求屏

言有德者止言己分事造道之言如孔子言孔子孟子言堯舜止是造道之深所見如是 是出東見録[illegible]

[illegible]是譬若逐禽者必窮之於其巢逐獸者必窮之其穴也

隨處體認天理和刊文録第五與毛古庵書凡鄙人所謂致良知之說與今之所謂體認天理之說本亦無大相遠但微有直截迂曲之差耳譬之種植致良知者是培其根本之生意而達之枝葉者也體認天理者是茂其枝葉之生意而求以復之根本者也然培其根本之生意固自有以達之枝葉矣欲茂其枝葉之生意亦安能舍根本而別有生意可以茂之枝葉之間者乎又寄鄒謙之第五書曰隨事體認天理即戒愼恐懼工夫以為尚隔一塵為世之所謂事事物物皆有定理而求之於外者言之耳若致良知之功明則此語亦自無害不然即猶未免於毫釐千里也

定之以―太極圖說語○無欲
故靜―是亦周子自注之語
靜亦―定性書語
潑潑地―通本無一潑字今從
下本補之○中庸集注程子曰
子思喫緊為人處活潑潑地字
義詳講曰活潑潑地云者只是
眞見這道理在面前如活底物

息念慮非惟不能愈覺擾擾如何先生曰
念如何可息只是要正曰當自有無念時
否先生曰實無無念時曰如此卻如何言
靜曰靜未嘗不動動未嘗不靜戒謹恐懼
即是念何分動靜曰周子何以言定之以
中正仁義而主靜曰無欲故靜是靜亦定
動亦定的定字主其本體也戒懼之念是
活潑潑地此是天機不息處所謂維天之

命於穆不已一息便是死非本體之念卽是私念

又問用功收心時有聲色在前如常聞見恐不是專一曰如何欲不聞見除是槁木死灰耳聾目盲則可只是雖聞見而不流去便是曰昔有人靜坐其子隔壁讀書不知其勤惰程子稱其甚敬何如曰伊川恐亦是譏他

相似○滃字彙冠註水涌也○維天ー詩大雅維天之命篇語

則可々猶孟子滕文公下曰蚳而後可之可字

昔有人ーー程全書遺書曰許渤與其子隔一窓而寢乃不聞其子讀書與不讀書先生謂此人持敬如此注曰曷嘗有如此聖人○朱子文集答陳正己書曰許渤為人不可知其詳ー隔窓事者非有寄枚之意而欲其不聞也況此條下一本注云曷嘗有如此聖人則是先生蓋亦未之許也

事上磨一考業乎中卷答周道
通書

又問靜坐用功頗覺此心收斂遇事又斷了
旋起箇念頭去事上省察事過又尋舊功
還覺有內外打不作一片先生曰此格物
之說未透心何嘗有內外即如惟濬今在
此講論又豈有一心在內照管這聽講說
時專敬即是那靜坐時心功夫一貫何須
更起念頭人須在事上磨鍊做功夫乃有
益若只好靜遇事便亂終無長進那靜時

傳習錄

功夫亦差似收斂而實放溺也後在洪都
復與于中國裳論內外之說渠皆云物自
有內外但要內外並著功夫不可有間耳
以質先生曰功夫不離本體本體原無內
外只為後來做功夫的分了內外失其本
體了如今正要講明功夫不要有內外乃
是本體功夫是日俱有省

又問陸子之學何如先生曰濂溪明道之後

象山之學一和文錄卷一象山
文集序曰至宋周程二子始復
追尋孔顏之宗而一自是而後
有象山陸氏雖其純粹和平若不及二子而簡易直截眞有以接孟子之傳其議論開闔時有異者乃
其氣質異見之殊而其學之必求諸心則一而已故吾嘗斷以陸氏之學孟氏之學也○又第四卷與
席元山書亦論此事○象山集要第三與路彥彬書曰竊不自揆區區之學自謂孟子之後至是而始

一明也

還是象山只還粗些九川曰看他論學篇
篇說出骨髓句句似鍼膏肓卻不見他粗
先生曰然他心上用過功夫與揣摹依倣
求之文義自不同但細看有粗處用功久
當見之
庚辰往虔州再見先生問近來功夫雖若稍
知頭腦然難尋箇穩當快樂處先生曰爾
卻去心上尋箇天理此正所謂理障此間

庚辰ー正德十五年也于時先生四十九歲在江西
理障ー圓覺經弥勒菩薩章曰二章ー理障事障云云〇伊川先生曰釋氏理障之說謂既明是理而又執持是故謂為障也

此箇看了也天下只有一箇理
字既明此理天復何障則此已
與理為一
訣竅ー訣字兼方術也要法也
體貼ー言自己心身修練得出
明道先生曰吾學有所受然天
理二字自家體貼出來

有箇訣竅曰請問如何曰只是致知曰如
何致曰爾那一點良知是爾自家底準則
爾意念著處他是便知是非便知非更瞞
他一些不得爾只不要欺他實實落落依
著他做去善便存惡便去他這裏何等穩
當快樂此便是格物的真訣致知的實功
若不靠著這些真機如何去格物我亦近
年體貼出來如此分明初猶疑只依他恐

看來一通本無來字今從二本增之

有些不足精細看來無些不欠闕

在此處與于中謙之同侍先生曰人胸中各有

箇聖人只自信不及都自埋倒了因顧于

中曰爾胸中原是聖人于中起不敢當先

生曰此是爾自家有的如何要推于中又

曰不敢先生曰衆人皆有之況在于中卻

何故謙起來謙亦不得于中乃笑受又論

良知在人隨爾如何不能泯滅雖盜賊亦

忸怩 一孟子萬章上象曰鬱陶思君爾忸怩音義忸女六反怩音尼忸怩慙色也

心印 祖庭事苑八曰達磨西來不立文字單傳心印○印契也又合信也

自如不當為盜與他做賊他還忸怩于中
日只是物欲遮蔽良心在內自不會失如
雲自蔽日日何嘗失了先生曰于中如此
聰明他人見不及此
先生曰這些子看得透徹隨他千言萬語是
非誠偽到前便明合得的便是合不得的
便非如佛家說心印相似真是箇試金石
指南針

靈丹丨成金丨是神仙不死之藥方士事多見于史記秦皇漢武之紀

何言之丨近思錄克己篇明道先生甞自謂今無此好周茂叔曰何言之易也但此心潛隱未發一日萌動復如前矣後十二年因見果知未也

先生曰人若知這良知訣竅隨他多少邪思枉念這裏一覺都自消融眞箇是靈丹一粒點鐵成金

崇一曰先生致知之旨發盡精蘊看來這裏再去不得先生曰何言之易也再用功半年看如何又用功一年看如何功夫愈久愈覺不同此難口說

先生問九川於致知之說體驗如何九川曰

自覺不同往時操持常不得箇恰好處此乃是恰好處先生曰可知是體來與聽講不同我初與講時知爾只是忽易未有滋味只這箇要妙再體到深處日見不同是無窮盡的又曰此致知二字眞是箇千古聖傳之秘見到這裏百世以俟聖人而不惑

九川問曰伊川說到體用一原顯微無間處

百世　中庸

伊川一是易傳序語○全書并和靖問至微者理也至著者象也體用一源顯微無間莫太洩天機否伊川曰看得甚好如此說破猶人不解悟不得已言之耳○天機者指道眞多出于莊子

門人已說是泄天機先生致知之說莫亦泄天機太甚否先生曰聖人已指以示人只爲後人揜匿我發明耳何故說泄此是人人自有的覺來甚不打緊一般然與不用實功人說亦甚輕忽可惜彼此無益與實用功而不得其要者提撕之甚沛然得力

又曰知來本無知覺來本無覺然不知則遂

論理。

先生曰大凡朋友須箴規指摘處少誘掖獎勸意多方是後又戒九川云與朋友論學須委曲謙下寬以居之

九川臥病虔州先生云病物亦難格覺得如何對曰功夫甚難先生曰常快活便是功夫

九川問自省念慮或涉邪妄或預料理天下

○大凡一下章一友常易動氣責入條及凡朋友問難條當並案○孟子曰責善朋友之道也然當先有王子之此意然後方行此道耳○論語子曰晏平仲善與人交久而敬之

寬以一易乾文言曰寬以居之仁以行之

料理一俗語也出晉書王徽之傳

縺綣 字彙不相離貌

丟 字彙丟音兜丁去不還俗从丟非○續韻端救切○海篇

事思到極處井井有味便纏綣難屏覺得早則易覺遲則難用力克治愈覺扞格惟稍遷念他事則隨兩忘如此鄭淸亦似無害先生曰何須如此只要在良知上著功夫九川曰正謂那一時不知先生曰我這裏自有功夫何緣得他來只爲爾功夫斷了便蔽其知既斷了則繼續舊功便是何必如此九川曰直是難鏖雖知丟他不去

華也○或曰俗書多爲比音使
○此卷廾八版亦曰把天理卻
去丢

先生曰須是勇用功久自有勇故曰是集
義所生者勝得容易便是大賢

九川問此功夫卻於心上體驗明白只解書
不通先生曰只要解心心明白書自然融
會若心上不通只要書上文義通卻自生
意見

有一屬官因久聽講先生之學曰此學甚好
只是簿書訟獄繁難不得爲學先生聞之

曰我何嘗敎爾離了簿書訟獄懸空去講學爾既有官司之事便從官司的事上為學纔是眞格物如問一詞訟不可因其應對無狀起箇怒心不可因他言語圓轉生箇喜心不可惡其囑託加意治之不可因其請求屈意從之不可因自己事務煩冗隨意苟且斷之不可因旁人譖毀羅織隨人意思處之這許多意思皆私只爾自知

託｜字彙依也憑也屬託謂有所繫屬而依託也

羅織｜唐酷吏傳姚崇曰當時以告訐為功天下號曰羅織

須精細省察克治惟恐此心有一毫偏倚
枉人是非這便是格物致知簿書訟獄之
間無非實學若離了事物爲學却是著空
虔州將歸有詩別先生云良知何事繫多聞
妙合當時已種根好惡從之爲聖學將迎
無處是乾元先生曰若未來講此學不知
說好惡從之從箇甚麼敷英在座曰誠然
嘗讀先生大學古本序不知所說何事及

妙合一太極圖說曰二五之精妙合而凝
將迎一出定性書○將音送事么而心猶留在迎言事未來而期待之
乾元一易乾彖傳大哉乾元萬物資始

來聽講許時乃稍知大意

于中國裳輩同侍食先生曰凡飲食只是要養我身食了要消化若徒蓄積在肚裏便成痞了如何長得肌膚後世學者博聞多識留滯胸中皆傷食之病也

先生曰聖人亦是學知衆人亦是生知問曰何如曰這良知人人皆有聖人只是保全無些障蔽兢兢業業亹亹翼翼自然不息

兢ー業ト書經皐陶謨語註戒謹恐懼也

亹丨詩大雅文王篇語注音尾
彊勉之貌○翼翼同上注勉敬
也

憑他丨他者指良知

溥博丨二句出中庸

便也是學只是生的分數多所以謂之生知安行衆人自孩提之童莫不完具此知只是障蔽多然本體之知自難泯息雖問學克治也只憑他只是學的分數多所以謂之學知利行

黄以方問先生格致之說隨時格物以致其知則知是一節之知非全體之知也何以到得溥博如天淵泉如淵地位先生曰人

心是天淵心之本體無所不該原是一箇天只爲私欲障礙則天之本體失了心之理無窮盡原是一箇淵只爲私欲窒塞則淵之本體失了如今念念致良知將此障礙窒塞一齊去盡則本體已復便是天淵了乃指天以示之曰比如面前見天是昭昭之天四外見天也只是昭昭之天只爲許多房子牆壁遮蔽便不見天之全體若

撤去房子牆壁總是一箇天矣不可道眼前天是昭昭之天外面又不是昭昭之天也于此便見一節之知即全體之知全體之知即一節之知總是一箇本體 已下門人黃直錄

先生曰聖賢非無功業氣節但其循著這天理則便是道不可以事功氣節名矣

發憤忘食是聖人之志如此真無有已時樂

一本節即一一作節氣

得不得ノ述而篇集註曰未得則發憤忘食已得則樂之而忘憂

以忘憂是聖人之道如此眞無有戚時恐
不必云得不得也
先生曰我輩致知只是各隨分限所及今日
良知見在如此只隨今日所知擴充到底
明日良知又有開悟便從明日所知擴充
到底如此方是精一功夫與人論學亦須
隨人分限所及如樹有這些萌芽只把這
些水去灌溉萌芽再長便又加水自拱把

以至合抱灌溉之功皆是隨其分限所及若些小萌芽有一桶水在盡要傾上便浸壞他了

問知行合一先生曰此須識我立言宗旨今人學問只因知行分作兩件故有一念發動雖是不善然卻未曾行便不去禁止我今說箇知行合一正要人曉得一念發動處便即是行了發動處有不善就將這不

善的念克倒了須要徹根徹底不使那一
念不善潛伏在胸中此是我立言宗旨
聖人無所不知只是知箇天理無所不能只
是能箇天理聖人本體明白故事事知箇
天理所在便去盡箇天理不是本體明後
卻於天下事物都便知得便做得來也天
下事物如名物度數草木鳥獸之類不勝
其繁聖人須是本體明了亦何緣能盡知

得但不必知的聖人自不消求知其所當
知的聖人自能問人如子入太廟每事問
之類先儒謂雖知亦問敬謹之至此說不
可通聖人於禮樂名物不必盡知然他知
得一箇天理便自有許多節文度數出來
不知能問亦即是天理節文所在

問先生嘗謂善惡只是一物善惡兩端如冰
炭相反如何謂只一物先生曰至善者心

子入太廟｜出論語八佾○先
儒｜集註尹氏之說也

亦即是天理｜是解得本文是
禮也之句

善惡只是一物｜明道先生曰
人性氣稟理有善惡然不是性
中元有此兩物相對而生也有
自幼而善有自幼而惡是氣稟
自然也善固性也然惡亦不可
不謂之性也○又曰善惡皆天理謂之惡者本非惡但或過或不及便如此蓋天下無性外之物本皆
善而流於惡耳

之本體本體上才過當些子便是惡了不是有一箇善卻又有一箇惡來相對也故善惡只是一物直因聞先生之說則知程子所謂善固性也惡亦不可不謂之性又曰善惡皆天理謂之惡者本非惡但於本性上過與不及之間耳其說皆無可疑

先生嘗謂人但得好善如好好色惡惡如惡惡臭便是聖人直初時聞之覺甚易後體

驗得來此箇功夫著實是難如一念雖知好善惡惡然不知不覺又夾雜去了才有夾雜便不是好善如好好色惡惡如惡惡臭的心善能實實的好是無念不善矣惡能實實的惡是無念及惡矣如何不是聖人故聖人之學只是一誠而已

問修道說言率性之謂道屬聖人分上事修道之謂教屬賢人分上事先生曰衆人亦

修道說見于和文錄第八卷而上卷七十八版冠註載之

聖人亦修道一上文聖人亦是
學知之條下文四十五版知行
二字即是工夫之條當並考

率性也但率性在聖人分上較多故率性
之謂道屬聖人事聖人亦修道也但修道
在賢人分上多故修道之謂教屬賢人事
又曰中庸一書大抵皆是說修道的事故
後面凡說君子說顏淵說子路皆是能修
道的說小人說賢知愚不肖說庶民皆是
不能修道的其他言舜文周公仲尼至誠
至聖之類則又聖人之自能修道者也

案釋氏以坐禪爲工夫禪譯靜慮與吾儒之靜坐相似而其主意有存滅之正相反不可不辨

問儒者到三更時分掃蕩胸中思慮空空靜靜與釋氏之靜只一般兩下皆不用此時何所分別先生曰動靜只是一箇那三更時分空空靜靜的只是存天理即是如今應事接物的心如今應事接物的心亦是循此天理便是那三更時分空空靜靜的心故動靜只是一箇分別不得知得動靜合一釋氏毫釐差處亦自莫揜矣

門人在座有動止甚矜持者先生曰人若矜持太過終是有弊曰矜持太過何如有弊曰人只有許多精神若專在容貌上用功則於中心照管不及者多矣有太直率者先生曰如今講此學卻外面全不檢束又分心與事爲二矣

門人作文送友行問先生曰作文字不免費思作了後又一二日常記在懷曰文字思

索亦無害但作了常記在懷則爲文所累
心中有一物矣此則未可也又作詩送人
先生看詩畢謂曰凡作文字要隨我分限
所及若說得太過了亦非修辭立誠矣
文公格物之說只是少頭腦如所謂察之於
念慮之微此一句不該與求之文字之中
驗之於事爲之著索之講論之際混作一
例看是無輕重也

修辭一 易文言傳
所謂一朱子大學或問格物說曰若其用力之方則或考之事爲之著或察之念慮之微或求之文字之中或索之講論之際云云
不該一該俗語辭猶當學此卷三十八版合該同

幾件ハ是兼説恐懼好樂憂患之
朱子章句亦曰四者皆心之用
而人所不能無者云云

問有所忿懥一條先生曰忿懥幾件人心怎
能無得只是不可有耳凡人忿懥著了一
分意思便怒得過當非廓然大公之體了
故有所忿懥便不得其正也如今於凡忿
懥等件只是箇物來順應不要著一分意
思便心體廓然大公得其本體之正了且
如出外見人相鬭其不是的我心亦怒然
雖怒卻此心廓然不曾動些子氣如今怒

入亦得如此方纔是正

先生嘗言佛氏不著相其實著了相吾儒著相其實不著相請問曰佛怕父子累卻逃了父子怕君臣累卻逃了君臣怕夫婦累卻逃了夫婦都是爲箇君臣父子夫婦著了相便須逃避如吾儒有箇父子還他以仁有箇君臣還他以義有箇夫婦還他以別何曾著父子君臣夫婦的相

黃勉叔問心無惡念時此心空空蕩蕩的不知亦須存箇善念否先生曰既去惡念便是善念便復心之本體矣譬如日光被雲來遮蔽雲去光已復矣若惡念既去又要存箇善念即是日光之中添燃一燈 已下

門人黃修易錄

問近來用功亦頗覺妄念不生但腔子裏黑窣窣的不知如何打得光明先生曰初下

手用功如何腔子裏便得光明譬如奔流濁水纔貯在缸裏初然雖定也只是昏濁的須俟澄定既久自然渣滓盡去復得清來汝只要在良知上用功良知存久黑窣窣自能光明矣今便要責效卻是助長不成功夫

先生曰吾教人致良知在格物上用功卻是有根本的學問日長進一日愈久愈覺精

明世儒教人事事物物上去尋討，却是無根本的學問。方其壯時，雖暫能外面修飾，不見有過；老則精神衰邁，終須放倒。譬如無根之樹，移栽水邊，雖暫時鮮好，終久要憔悴。

問志於道一章。先生曰：只志道一句，便含下面數句功夫，自住不得。譬如做此屋，志于道是念念要去擇地鳩材，經營成箇區宅；

論語述而篇子曰志於道據於德依於仁游於藝

便含之含通本誤作合據本集改之

據德卻是經畫已成有可據矣依仁卻是
常常住在屋宅內更不離去游藝卻是加
些畫采美此屋宅藝者義也理之所宜者
也如誦詩讀書彈琴習射之類皆所以調
習此心使之熟於道也苟不志道而游藝
卻如無狀小子不先去置造屋宅只管要
去買畫掛做門面不知將掛在何處
問讀書所以調攝此心不可缺的但讀之之

不可缺｜下文五十一版曰琴
瑟簡編學者不可無蓋有業以
居之心就不放○近思錄橫渠先生曰書以維持此心一時放下則一時德性有懈讀書則此心常在
不讀書則終看義理不見

時一種科目意思牽引而來不知何以免
此先生曰只要良知眞切雖做舉業不爲
心累總有累亦易覺克之而已且如讀書
時良知知得強記之心不是卽克去之有
欲速之心不是卽克去之有誇多鬪靡之
心不是卽克去之如此亦只是終日與聖
賢印對是箇純乎天理之心任他讀書亦
只是調攝此心而已何累之有曰雖蒙開

示柰資質庸下實難免累竊聞窮通有命上智之人恐不屑此不肖爲聲利牽纏甘心爲此徒自苦耳欲屛棄之又制於親不能舍公柰何先生曰此事歸辭於親者多矣其實只是無志志立得時良知千事萬爲只是一事讀書作文安能累人人自累於得失耳因嘆曰此學不明不知此處耽閣了幾多英雄漢

歸辭於親 上卷六十二版以親故不免業累條當並案

耽閣之耽全書及梨本皆作擔音通考出于中卷八十九版

生之謂性孟子告子上篇之語
而程子卻以是說性近思錄載
是論卷內四十五版亦可參
孟子盡心上曰形色天性也惟
聖人然後可以踐形

問生之謂性告子亦說得是孟子如何非之
先生曰固是性但告子認得一邊去了不
曉得頭腦若曉得頭腦如此說亦是孟子
亦曰形色天性也這也是指氣說又曰凡
人信口說任意行皆說此是依我心性出
來此是所謂生之謂性然卻要有過差若
曉得頭腦依吾良知上說出來行將去便
自是停當然良知亦只是這口說這身行

豈能外得氣別有箇去行去說故曰論性
不論氣不備論氣不論性不明氣亦性也
性亦氣也但須認得頭腦是當

又曰諸君功夫最不可助長上智絕少學者
無超入聖人之理一起一伏一進一退自
是功夫節次不可以我前日用得功夫了
今卻不濟便要矯強做出一箇沒破綻的
模樣這便是助長連前些子功夫都壞了

此非小過譬如行路的人遭一蹶跌起來便走不要欺人做那不曾跌倒的樣子出來諸君只要常常懷箇遁世無悶不見是而無悶之心依此良知忍耐做去不管人非笑不管人毀謗不管人榮辱任他功夫有進有退我只是這致良知的主宰不息久久自然有得力處一切外事亦自能不動又曰人若著實用功隨人毀謗隨人欺

遁世ノ上 句易文言語

隨人毀謗ノ和文錄四答陸原靜書曰今日之多乃孰非吾儕

動心忍性砥礪切瑳之地乎○又答劉內重書曰外面之是非毀譽亦好資之以為警切砥礪之地○第五答友人書曰毀譽榮辱之來非獨不以動其心且資之以為切瑳砥礪之地先生之自修教人每每如是

慢處處得益處處是進德之資若不用功只是魔也終被累倒

先生一日出遊禹穴顧田間禾曰能幾何時又如此長了范兆期在傍曰此只是有根學問能自植根亦不患無長先生曰人孰無根良知即是天植靈根自生生不息但著了私累把此根戕賊蔽塞不得發生耳

一友常易動氣責人先生警之曰學須反己

若徒責人只見得人不是不見自己非若能反己方見自己有許多未盡處奚暇責人舜能化得象的傲其機括只是不見象的不是若舜只要正他的姦惡就見得象的不是矣象是傲人必不肯相下如何感化得他是友感悔曰爾今後只不要去論人之是非凡當責辯人時就把做一件大己私克去方可

不見象的之不是　孟子離婁上瞽叟底豫集注李氏曰舜之所以能使瞽叟底豫者盡事親之道共為子之職不見父母之非而已又陳了翁曰彼臣弑其君子弑其父者常始於見有其不是處耳○謹案是道也非獨可施之於君父凡五倫之交固無別道矣是所以為自反慎獨之學也○書堯典曰烝烝乂不格姦朱子以至誠格先生以正訓說詳見于下文四十八版

象是傲人　堯典曰父頑母嚚象傲

象山集要與張季悅書曰第術俗凡鄙之習謬妄之說正可哀憐儒學當有開導提拔摧陷廓清之功乃為進學之驗云云

君子 孟子公孫丑上曰故君子莫大乎與人為善

程朱易之辨先儒作朱易衍義書而逬於朱者也

先生曰凡朋友間雖縱有淺近粗疎或露才揚己皆是病發當因其病而藥之可也不可便懷鄙薄之心非君子與人為善之心矣

問易朱子主卜筮程傳主理何如先生曰卜筮是理理亦是卜筮天下之理孰有大於卜筮者乎只為後世將卜筮專主在占卦上看了所以看得卜筮似小藝不知今之

決狐疑—史記蒯徹傳孟賁之狐疑○狐性多疑故曰狐疑○禮記曲禮曰卜筮者先聖王之所以使民信時日敬鬼神畏法令也所以使民決嫌疑定猶與也

無適—論語里仁篇語

師友問答博學審問慎思明辨篤行之類皆是卜筮卜筮者不過求決狐疑神明吾心而已易是問諸天人有疑自信不及故以易問天謂人心尚有所涉惟天不容僞耳

黄勉之問無適也無莫也義之與比事事要如此否先生曰固是事事要如此須是識得箇頭腦乃可義即是良知曉得良知是

受人之餽送。孟子公孫丑下陳臻問前日於齊餽兼金一百章可參考。

論語為政篇詩三百一言以蔽之曰思無邪注是魯頌駉篇之辭

箇頭腦方無執著且如受人餽送也有今日當受的他日不當受的也有今日不當受的他日當受的爾若執著了今日當受的便一切受去執著了今日不當受的便一切不受去便是適莫便不是良知的本體如何喚得做義　門人黃省曾錄

問思無邪一言如何便蓋得三百篇之義先生曰豈特三百篇六經只此一言便可該

貫以至窮古今天下聖賢的話思無邪一
言也可該貫此外更有何說此是一了百
當的功夫
問道心人心先生曰率性之謂道便是道心
但著些人的意思在便是人心道心本是
無聲無臭故曰微依著人心行去便有許
多不安穩處故曰惟危
問中人以下不可以語上愚的人與之語上

惟危ー朱子以效驗說之先生直以心中當體不安穩者說之似的切

中人ー論語雍也篇語

尚且不進況不與之語可乎先生曰不是聖人終不與語聖人的心憂不得人人都做聖人只是人的資質不同施敎不可躐等中人以下的人便與他說性說命他也不省得也須漫漫琢磨他起來

一友問讀書不記得如何先生曰只要曉得如何要記得要曉得已是落第二義了只要明得自家本體若徒要記得便不曉得

習一字衍也

逝者—論語子罕篇語集註亦說得是當○孟子離婁篇曰原泉混混不舍晝夜盈科而進放乎四海有本者如是云云

志士仁人—論語衛靈公篇文

若徒要記得便明不得自家的本體

問逝者如斯是說自家心性活潑潑地否先生曰然須要時時用致良知的功夫方才活潑潑地方才與他川水一般若須臾間斷便與天地不相似此是學問極至處聖人也只如此

問志士仁人章先生曰只為世上人都把生身命子看得來太重不問當死不當死定

卻去丟一異本傳習録及陽明
要書共作都丟去恐是○丢字
考巻内于版出之

他的仁一仁通本作人之一本及
要書作仁與論語合今從之

要宛轉委曲保全以此把天理卻丢去了忍心害理何者不爲若違了天理便與禽獸無異便偷生在世上百千年也不過做了千百年的禽獸學者要於此等處看得明白比干龍逢只爲他看得分明所以能成就得他的仁

問叔孫武叔毀仲尼大聖人如何猶不免於毀謗先生曰毀謗自外來的雖聖人如何

象恭｜書經堯典曰靜言庸違象恭注曰象恭貌恭而心不然也〇色莊｜論語先進篇曰論篤是與君子者乎色莊者乎注曰言不可以言貌取人也

孟子離婁下集註呂氏曰行不足以致譽而偶得譽是謂不虞之譽求免於毀而反致毀是謂求全之毀

素年譜嘉靖三年八月下曰劉

免得人只貴於自修若自己實實落落是箇聖賢縱然人都毀他也說他不著卻若浮雲揜日如何損得日的光明若自己是箇象恭色莊不堅不介的縱然沒一箇人說他他的惡慝終須一日發露所以孟子說有求全之毀有不虞之譽毀譽在外的安能避得只要自修何如爾

劉君亮要在山中靜坐先生曰汝若以厭外

侯有入山栖養之問○和文錄四卷與劉元道書曰來喻欲入坐窮山絕世故屏思慮養吾靈明必自驗至於通晝夜而不息然後以無情應世且云於靜求之必為徑直但勿流於空寂而已云云欲專絕世故屏思慮偏於虛靜則恐既已養成空寂之性雖欲勿流於空寂不可得矣

▲倆們｜續韻倆俗語也

捆｜字彙苦本切冠註取束也

▲曾點言志｜事見論語先進第十一章

物之心太急求之靜是反養成一箇驕惰之氣了汝若不厭外物復於靜處涵養卻好

王汝中省曾侍坐先生握扇命曰儞們用扇省曾起對曰不敢先生曰聖人之學不是這等捆縛苦楚的不是粧做道學的模樣汝中曰觀仲尼與曾點言志一章略見先生曰然以此章觀之聖人何等寬洪包含氣象且為師者問志於羣弟子三子皆整

在伊川。一二程外書曰韓持國與伊川善暇日同遊西湖命諸子侍行。行次有言貌不莊敬者伊川回視厲聲叱之曰汝輩從長者行敢笑語如此韓氏孝謹之風衰矣持國遂皆逐去之

頓以對至於曾點飄飄然不看那三子在眼自去鼓起瑟來何等狂態及至言志又不對師之問目都是狂言設在伊川或斥罵起來了聖人乃復稱許他何等氣象聖人教人不是箇束縛他通做一般只如狂者便從狂處成就他狷者便從狷處成就他人之才氣如何同得

先生語陸元靜曰元靜少年亦要解五經志

怕人不易簡一上卷十五版以下此意詳盡

亦好博但聖人教人只怕人不簡易他說的皆是簡易之規以今人好博之心觀之卻似聖人教人差了

孔子不知一案一本無此一條而下文七十七版此道至易至簡之條及孔子曰回也之條共移在此處通前數條以為下卷之第一以右門人陳九川錄七字終之以何廷仁條以下為下卷之第二今未知其是否姑從通行之印本

論語述而篇子曰蓋有不知而作之者我無是也○顏子一事見易係辭

先生曰孔子無不知而作顏子有不善未嘗不知此是聖學眞血脈路

陽明要書曰此下五十一條據原集皆黃省曾錄然他友皆字德洪獨名其為緒山手錄無疑集訛刻耳

何廷仁黃正之李侯璧汝中德洪侍坐先生顧而言曰汝輩學問不得長進只是未立志侯璧起而對曰珙亦願立志先生曰難

洪初、一要書作其未知孰是

說不立未是必爲聖人之志耳對曰願立必爲聖人之志先生曰爾眞有聖人之志良知上更無不盡良知上留得些子別念掛帶便非必爲聖人之志矣洪初聞時心若未服聽說到此不覺悚汗

先生曰良知是造化的精靈這些精靈生天生地成鬼成帝皆從此出眞是與物無對人若復得他完完全全無少虧欠自不覺

手舞足蹈不知天地間更有何樂可代

一友靜坐有見馳問先生答曰吾昔居滁時見諸生多務知解口耳異同無益於得姑教之靜坐一時窺見光景頗收近效久之漸有喜靜厭動流入枯槁之病或務爲玄解妙覺動人聽聞故邇來只說致良知良知明白隨儞去靜處體悟也好隨儞去事上磨錬也好良知本體原是無動無靜的

居滁時、年譜正德五年先生三十九歲告門人曰悔昔在貴陽舉知行合一之教紛紛異同罔知所入茲來乃與諸生靜坐僧寺使自悟性體顧恍恍若有可即者既又途中寄書曰前在寺中所云靜坐事非欲坐禪入定也蓋因吾輩平日爲事物紛拏未知爲己欲以此補小學收放心一段工夫耳明道云纔學便須知有用力處既學便須知有得力處諸友宜於此處著力方有進步異時始有得力處也

折肱—左傳定公十三年三折肱知為良醫

此便是學問頭腦我這箇話頭自滁州到今亦較過幾番只是致良知三字無病醫經折肱方能察人病理

一友問功夫欲得此知時時接續一切應感處反覺照管不及若去事上周旋又覺不見了如何則可先生曰此只認良知未眞尚有內外之閒我這裏功夫不由人急心認得良知頭腦是當去朴實用功自會透

內外兩忘　明道先生定性書中語

充實光輝　出孟子盡心

沾帶　帶恐滯字

徹到此便是內外兩忘又何心事不合一

又曰功夫不是透得這箇真機如何得他充實光輝若能透得時不由你聰明知解接得來須胸中渣滓渾化不使有毫髮沾帶始得

先生曰天命之謂性命卽是性率性之謂道性卽是道修道之謂教道卽是教問如何道卽是教曰道卽是良知良知原是完完

全全是的還他是非的還他非是非只依
著他更無有不是處這良知還是爾的明
師
問不睹不聞是說本體戒愼恐懼是說功夫
否先生曰此處須信得本體原是不睹不
聞的亦原是戒愼恐懼的戒愼恐懼不曾
在不睹不聞上加得些子見得眞時便謂
戒愼恐懼是本體不睹不聞是功夫亦得

通晝夜ハ易上繫辭文

向晦ハ易隨大象曰君子以嚮晦入宴息

問通乎晝夜之道而知先生曰良知原是知晝知夜的又問人睡熟時良知亦不知了曰不知何以一叫便應曰良知常知如何有睡熟時曰向晦宴息此亦造化常理夜來天地混沌形色俱泯人亦耳目無所睹聞衆竅俱翕此即良知收斂凝一時天地既開庶物露生人亦耳目有所睹聞衆竅俱闢此即良知妙用發生時可見人心與

上下ー孟子盡心上曰夫君子所過者化所存者神上下與天地同流豈曰小補之哉

有夢ー近思錄問人心所繫著之事果善夜夢見之莫不害否曰雖是善事心亦是動凡事有朕兆入夢者卻無害捨此皆是妄動

天地一體故上下與天地同流今人不會宴息夜來不是昏睡即是妄思魘寐曰睡時功夫如何用先生曰知晝即知夜矣曰間良知是順應無滯的夜間良知即是收斂凝一的有夢即先兆

又曰良知在夜氣發的方是本體以其無物欲之雜也學者要使事物紛擾之時常如夜氣一般就是通乎晝夜之道而知

和刊文録第五答南元善書曰夫惟有道之士眞有以見其良知之昭明靈覺圓融洞徹廓然與太虛而同體太虛之中何物不有而無一物能爲太虛之障礙蓋吾良知之體本自聰明睿知本自寬裕温柔本自發强剛毅本自齊莊中正文理密察本自溥博淵泉而時出之本無富貴之可慕本無貧賤之可憂本無得喪之可欣戚愛憎之可取舍蓋吾之耳而非良知則不能以聽矣又何有於聰目而非良知則不能以視矣又何有於明心而非良知則不能以思與覺矣又何有於睿智然則又何有於寬裕温柔乎又何有於發强剛毅乎又何有於齊莊中正文理密察乎又何有於溥博淵泉而時出之乎云云

先生曰仙家說到虛聖人豈能虛上加得一毫實佛氏說到無聖人豈能無上加得一毫有但僊家說虛從養生上來佛氏說無從出離生死苦海上來却於本體上加卻這些子意思在便不是他虛無的本色了便於本體有障礙聖人只是還他良知的本色更不著些子意在良知之虛便是天之太虛良知之無便是太虛之無形日月

風雷山川民物凡有貌象形色皆在太虛
無形中發用流行未嘗作得天的障礙聖
人只是順其良知之發用天地萬物俱在
我良知的發用流行中何嘗又有一物超
於良知之外能作得障礙
或問釋氏亦務養心然要之不可以治天下
何也先生曰吾儒養心未嘗離卻事物只
順其天則自然就是功夫釋氏卻要盡絕

事物把心看做幻相漸入虛寂去了與世
間若無些子交涉所以不可治天下
或問異端先生曰與愚夫愚婦同的是謂同
德與愚夫愚婦異的是謂異端
先生曰孟子不動心與告子不動心所異只
在毫釐間告子只在不動心上著功孟子
便直從此心原不動處分曉心之本體原
是不動的只爲所行有不合義便動了孟

孟子離婁下儲子曰王使人瞯夫子果有以異於人乎孟子曰
何以異於人哉堯舜與人同耳

孟子語見公孫丑上

子不論心之動與不動只是集義所行無不是義此心自然無可動處若告子只要此心不動便是把捉此心將他生生不息之根反阻撓了此非徒無益而又害之孟子集義工夫自是養得充滿並無餒歉自是縱橫自在活潑潑地此便是浩然之氣

又曰告子病源從性無善無不善上見來性無善無不善雖如此說亦無大差但告子

執定看了便有箇無善無不善的性在內有善有惡又在物感上看便有箇物在外卻做兩邊看了便會差無善無不善性原是如此悟得及時只此一句便盡了更無有內外之間若子見一箇性在內見一箇物在外便見他於性有未透徹處

朱本思問人有虛靈方有良知若草木瓦石之類亦有良知否先生曰人的良知就是

草木有良知—朱子亦有草木及腐敗之物皆有知覺之說見語類六十卷然文集五十九答余方叔書曰天之生物有有血氣知覺者人獸是也有無血氣知覺而但有生氣者草木是也云云此說似自相矛盾者然各自一意不可固滯

▲此條與下三條當通考之且卷內七十四版人心與物同體條亦當並案

草木瓦石的良知若草木瓦石無人的良知不可以爲草木瓦石矣豈惟草木瓦石爲然天地無人的良知亦不可爲天地矣蓋天地萬物與人原是一體其發竅之最精處是人心一點靈明風雨露雷日月星辰禽獸草木山川土石與人原只一體故五穀禽獸之類皆可以養人藥石之類皆可以療疾只爲同此一氣故能相通耳

先生遊南鎮一友指巖中花樹問曰天下無心外之物如此花樹在深山中自開自落於我心亦何相關先生曰爾未看此花時此花與汝心同歸於寂爾來看此花時則此花顏色一時明白起來便知此花不在爾的心外

問大人與物同體如何大學又說箇厚薄先生曰惟是道理自有厚薄比如身是一體

把手足捍頭目，是偏要薄手足，其道理
合如此。禽獸與草木同是愛的，把草木去
養禽獸，又忍得。人與禽獸同是愛的，宰禽
獸以養親，與供祭祀燕賓客，心又忍得。至
親與路人同是愛的，如簞食豆羹，得則生，
不得則死，不能兩全，寧救至親，不救路人，
心又忍得。這是道理合該如此。及至吾身
與至親，更不得分別彼此厚薄，蓋以仁民

簞食｜孟子告子上：一簞食，一豆羹，得之則生，不得則死。

合該｜猶言合當。說見卷內十八波。

愛物皆從此出此處可忍更無所不忍矣大學所謂厚薄是良知上自然的條理不可踰越此便謂之義順這箇條理便謂之禮知此條理便謂之智終始是這條理便謂之信

又曰目無體以萬物之色爲體耳無體以萬物之聲爲體鼻無體以萬物之臭爲體口無體以萬物之味爲體心無體以天地萬

物感應之是非爲體
問殀壽不貳先生曰學問功夫於一切聲利
嗜好俱能脫落殆盡尚有一種生死念頭
毫髮掛帶便於全體有未融釋處人於生
死念頭本從生身命根上帶來故不易去
若於此處見得破透得過此心全體方是
流行無礙方是盡性至命之學
一友問欲於靜坐時將好名好色好貨等根

於靜坐之時ㇾ上卷二十四版
一日論爲學條當並看

逐一搜尋掃除廓清恐是剜肉做瘡否先生正色曰這是我醫人的方子眞是去得人病根更有大本事人過了十數年亦還用得著你如不用且放起不要作壞我的方子是友愧謝少間曰此量非你事必吾門稍知意思者爲此說以誤汝在坐者皆悚然

一友問功夫不切先生曰學問功夫我已曾

禪師ーー未知爲誰傳燈所載
指和尚打地和尚之徒歟

一句道盡如何今日轉說轉遠都不著根
對曰致良知蓋聞教矣然亦須講明先生
曰既知致良知又何可講明良知本是明
白實落用功便是不肯用功只在語言上
轉說轉糊塗曰正求講明致之之功先生
曰此亦須爾自家求我亦無別法可道昔
有禪師人來問法只把麈尾提起一日其
徒將麈尾藏過試他如何設法禪師尋麈

中庸曰至誠之道可以前知國家將興必有禎祥國家將亡必有妖孽見乎蓍龜動乎四體禍福將至善必先知之不善必先知之故至誠如神

誠神幾曰聖人此周子通書文

尾不見又只空手提起我這箇良知就是設法的塵尾舍了這箇有何可提得少間又一友請問功夫切要先生旁顧曰我塵尾安在一時在坐者皆躍然

或問至誠前知先生曰誠是實理只是一箇良知實理之妙用流行就是神其萌動處就是幾誠神幾曰聖人聖人不貴前知禍福之來雖聖人有所不免聖人只是知幾

遇變一易係辭曰變而通之

謹案邵子前知之論至精至微蓋雖一念心頭之微其差處不能免於明鏡 ○邵子康節先生也

遇變而通耳良知無前後只知得見在的幾便是一了百了若有箇前知的心就是私心就有趨避利害的意邵子必於前知終是利害心未盡處

先生曰無知無不知本體原是如此譬如日未嘗有心照物而自無物不照無照無不照原是日的本體良知本無知今卻要有知本無不知今卻疑有不知只是信不及

耳

先生曰惟天下至聖爲能聰明睿知舊看何等玄妙今看來原是人人自有的耳原是聰目原是明心思原是睿知聖人只是一能之爾能處正是良知衆人不能只是箇不致知何等明白簡易

問孔子所謂遠慮周公夜以繼日與將迎不同何如先生曰遠慮不是茫茫蕩蕩去思

遠慮　論語衛靈公子曰無遠慮必有近憂
夜以繼日　孟子離婁下曰周公思兼三王以施四事其有不合者仰而思之夜以繼日幸而得之坐以待旦　○案遠慮舊説就事上説之故不免於有將迎之病先生就心上論故不涉於將迎而事物亦有其中　○案近世談先生之學者多所謂不精思漫然隨事者其間有精思之者卻且以爲涉安排世儒以爲頓悟宗者亦以是也

慮只是要存這天理天理在人心亘古亘
今無有終始天理即是良知千思萬慮只
是要致良知良知愈思愈精明若不精思
漫然隨事應去良知便粗了若只著在事
上茫茫蕩蕩去思教做遠慮便不免有毀
譽得喪人欲攙入其中就是將迎了周公
終夜以思只是戒慎不睹恐懼不聞的功
夫見得時其氣象與將迎自別

問一日克己復禮天下歸仁朱子作效驗說
如何先生曰聖賢只是爲己之學重功夫
不重效驗仁者以萬物爲體不能一體只
是己私未盡全得仁體則天下皆歸於吾
仁就是八荒皆在我闥意天下皆與其仁
亦在其中如在邦無怨在家無怨亦只是
自家不怨如不怨天不尤人之意然家邦
無怨於我亦在其中但所重不在此

一日克己ー論語顏淵首章
以萬物爲體ー爲體之間恐脫一字
八荒ー六字出呂與叔克己銘
在邦無怨ー顏淵篇第二章語
▲不怨天ー出憲問篇

萬章下首章孟子曰伯夷聖之淸者也伊尹聖之任者也柳下惠聖之和者也孔子聖之時者也云云又曰智譬則巧也聖譬則力也由射於百步之外也其至爾力也其中非爾力也注曰孔子巧力俱全而聖智兼備三子則力有餘而巧不足是以一節雖至於聖而知不足以及乎時中也

問孟子巧力聖智之說朱子云三子力有餘而巧不足何如先生曰三子固有力亦有巧巧力實非兩事巧亦只在用力處力而不巧亦是徒力三子譬如射一能步箭一能馬箭一能遠箭他射得到俱謂之力中處俱可謂之巧但步不能馬馬不能遠各有所長便是才力分限有不同處孔子則三者皆長然孔子之和只到得柳下惠而

了然一通本作然了今從異本改之

易乾文言曰先天而天弗違後天而奉天時天且弗違而況於人乎況於鬼神乎

極清只到得伯夷而極任只到得伊尹而極何曾加得些子若謂三子力有餘而巧不足則其力反過孔子了巧力只是發明聖智之義若識得聖知本體是何物便自了然

先生曰先天而天弗違天即良知也後天而奉天時良知即天也

良知只是箇是非之心是非只是箇好惡只

好惡就盡了是非只是非就盡了萬事萬

變又曰是非兩字是箇大規矩巧處則存

乎其人

聖人之知如青天之日賢人如浮雲天日愚

人如陰霾天日雖有昏明不同其能辨黑

白則一雖昏黑夜裏亦影影見得黑白就

是日之餘光未盡處困學功夫亦只從這

點明處精察去耳

問知譬日欲譬雲雲雖能蔽日亦是天之一
氣合有的欲亦莫非人心合有否先生曰
喜怒哀懼愛惡欲謂之七情七者俱是人
心合有的但要認得良知明白比如日光
亦不可指著方所一隙通明皆是日光所
在雖雲霧四塞太虛中色象可辨亦是日
光不滅處不可以雲能蔽日教天不要生
雲七情順其自然之流行皆是良知之用

不可分別善惡但不可有所著七情有著俱謂之欲俱爲良知之蔽然纔有著時良知亦自會覺覺即蔽去復其體矣此處能勘得破方是簡易透徹功夫

問聖人生知安行是自然的如何有甚功夫

先生曰知行二字即是功夫但有淺深難易之殊耳良知原是精精明明的如欲孝親生知安行的只是依此良知實落盡孝

而已學知利行者只是時時省覺務要依
此良知盡孝而已至於困知勉行者蔽錮
已深雖要依此良知去孝又為私欲所阻
是以不能必須加人一己百人十己千之
功方能依此良知以盡其孝聖人雖是生
知安行然其心不敢自是肯做困知勉行
的功夫困知勉行的卻要思量做生知安
行的事怎生成得

樂是心之本體一中卷六十二丁
版說之誤

問樂是心之本體不知遇大故於哀哭時此樂還在否先生曰須是大哭一番了方樂不哭便不樂矣雖哭此心安處即是樂也本體未嘗有動

問良知一而已文王作彖周公繫爻孔子贊易何以各自看理不同先生曰聖人何能拘得死格大要出於良知同便各為說何害且如一園竹只要同此枝節便是大同

若拘定枝枝節節都要高下大小一樣便非造化妙手矣汝輩只要去培養良知良知同更不妨有異處汝輩若不肯用功連笋也不曾抽得何處去論枝節

鄉人有父子訟獄請訴於先生侍者欲阻之先生聽之言不終辭其父子相抱慟哭而去柴鳴治入問曰先生何言致伊感悔之速先生曰我言舜是世間大不孝的子瞽

連笋一連猶言全也及也抽言生出是言人能用功然後方始可以論枝節若不用功至笋亦未抽芽何以論其枝節也

鄉人一年譜正德五年庚午先生三十九歲陞廬陵縣知縣為政不事威刑惟以開導人心為本民皆悔勝氣囂訟至有涕泣而歸者益言此事

要書註曰父子不較是非然此事必其父有偏私故以此言感動之又使其子知不可有自是之見若曲在其子豈應以瞍舜為訣○今案是亦一理然猶未免就事上論而不知心原同體之仁過化存神之德者也夫若此事先生至孝之所致而非以言語感動之者 ▲語類百六卷紹興有繼母與夫之表弟通遂為接腳夫其子來訴楊敬仲以為子訴母不便呼其子出來曰曾與其父思量否其父

身死其妻輙棄背與人私通而其罪至此官司若不與根治則其父得不啣寃於地下乎急々其採
鞫夫與赴井其有罪不可掩○今謹案敬仲之言知常而不知變朱文公之論察理之密可無以加之
而是聽訟吾猶人者若先生之事實使無訟者歟

孟子　盡心上孩提之童注二三
歲之間知孩笑可提抱者也○
此言今之孩笑也

提孩我｜孟子萬章上曰我竭
力耕田共爲子之職而已矣父
母之不我愛於我何哉

瞽瞍底豫｜出孟子離婁上

瞍是世間大慈的父鳴治愕然請問先生
曰舜常自以爲大不孝所以能孝瞽瞍常
自以爲大慈所以不能慈瞽瞍只紀得舜
是我提孩長的今何不曾豫悅我不知自
心已爲後妻所移了尚謂自家能慈所以
愈不能慈舜只思父提孩我時如何愛我
今日不愛只是我不能盡孝日思所以不
能盡孝處所以愈能孝及至瞽瞍底豫時

又不過復得此心原慈的本體所以後世稱舜是箇古今大孝的子瞽瞍亦做成箇慈父

先生曰孔子有鄙夫來問未嘗先有知識以應之其心只空空而已但叩他自知的是非兩端與之一剖決鄙夫之心便已了然鄙夫自知的是非便是他本來天則雖聖人聰明如何可與增減得一毫他只不能

孔子……子罕篇子曰吾有知乎哉無知也有鄙夫問於我空空如也我叩其兩端而竭焉注叩發動也兩端猶言兩頭言終始本末上下精粗無所不盡○此注與先生之說異

自信夫子與之一剖決便已竭盡無餘了若夫子與鄙夫言時留得些子知識在便是不能竭他的良知道體即有二了

先生曰烝烝乂不格姦本註說象已進進於義不至大為姦惡舜徵庸後象猶日以殺舜為事何大姦惡如之舜只是自進於乂以乂薰烝不去正他姦惡凡文過揜慝此是惡人常態若要指摘他是非反去激他

烝烝一書經堯典曰有鰥在下曰虞舜云云父頑母嚚象傲克諧以孝烝烝乂不格姦註諧和烝進也言舜不幸遭此而能和以孝使之進進以善自治而不至於大為姦惡也○案本註乘父母及象言之先生特舉象論之也

徵庸一舜典曰舜生三十徵庸

▲日以殺舜為事一孟子萬章上語

動心忍性孟子告子下曰舜發於畎畝之中云云故天將降大任於是人也必先苦其心志勞其筋骨餓其體膚空乏其身行拂亂其所為所以動心忍性曾益其所不能

惡性舜初時致得象要殺己亦是要象好的心太急此就是舜之過處經過來乃知功夫只在自己不去責人所以致得克諧此是舜動心忍性增益不能處古人言語俱是自家經歷過來所以說得親切遺之後世曲當人情若非自家經過如何得他許多苦心處

先生曰古樂不作久矣今之戲子尚與古樂

韶之九成｜書益稷簫韶九成鳳凰來儀注簫韶舜樂之總名也九成樂以九成又曰樂象成者也故曰成

武之九變｜武謂大武武王之樂也九變即九成也事見於周禮大司樂

有德者｜論語八佾子謂韶盡美矣又盡善矣謂武盡美矣未盡善也○孟子公孫丑上子貢曰見其禮而知其政聞其樂而知其德由百世之後等百世之王莫之能違也

妖淫｜通書樂章曰代變新聲妖淫愁怨導欲增悲不能自止故有賊君棄父輕生敗倫不可禁者矣

忠臣孝子｜近思錄教學明道先生曰如古詩三百篇其言簡

意思相近未達請問先生曰韶之九成便是舜的一本戲子武之九變便是武王的一本戲子聖人一生實事俱播在樂中所以有德者聞之便知他盡善盡美與盡美未盡善處若後世作樂只是做此詞調於民俗風化絕無關涉何以化民善俗今要民俗反朴還淳取今之戲子將妖淫詞調俱去了只取忠臣孝子故事使愚俗百姓

奥合人非易曉別欲作詩略言
教童子歌詩應對事長之節令
用○歌之似當有助
此求元聲ー案年譜嘉靖十
五年九月下舒芬問答同是恭
國裳也○後漢書志曰宓羲作
易紀陽氣之初以為律法建日
冬至之聲以黃鐘為宮太簇為
商姑洗為角林鐘為徵南呂為
羽應鐘為變宮蕤賓為變徵此
聲氣之元五音之正也○朱子
曰律家最重元聲云云
制管候氣及葭灰黍粒ー考上
卷四十丁版詳之
撈ー字彙音牢取也沈取曰撈

人人易曉無意中感激他良知起來卻於
風化有益然後古樂漸次可復矣曰洪要
求元聲不可得恐於古樂亦難復先生曰
爾說元聲在何處求對曰古人制管候氣
恐是求元聲之法先生曰若要去葭灰黍
粒中求元聲卻如水底撈月如何可得元
聲只在爾心上求曰心如何求先生曰古
人為治先養得人心和平然後作樂比如

在此歌詩｜荀子白帖蔡邕聞毛人琴有殺聲主人曰螳螂捕蟬吾恐失蟬故情見乎聲

書云｜書舜典曰詩言志歌永言聲依永律和聲

協鳳凰｜前漢書志曰制十二筩以聽鳳之鳴其雄鳴為六雌

在此歌詩俾的心氣和平聽者自然悅懌興起只此便是元聲之始書云詩言志便是樂的本歌永言歌便是作樂的本聲依永律和聲律只要和聲和聲便是制律的本何嘗求之於外曰古人制候氣法是意何取先生曰古人具中和之體以作樂我的中和原與天地之氣相應候天地之氣協鳳凰之音不過去驗我的氣果和否

嗚亦只此葭鐘之管而皆可以
生之是為律本云云

不如自家一通本作不知作家
今據一本及要書改之

此是成律已後事非必待此以成律也今
要候灰管先須定至日然至日子時恐又
不準又何處取得準來

先生曰學問也要點化但不如自家解化者
自一了百當不然亦點化許多不得
孔子氣魄極大凡帝王事業無不一一理會
也只從那心上來譬如大樹有多少枝葉
也只是根本上用得培養功夫故自然能

如此非是從枝葉上用功做得根本也學者學孔子不在心上用功汲汲然去學那氣魄卻倒做了

人有過多於過上用功就是補甑其流必歸於文過

令人於喫飯時雖無一事在前其心常役役不寧只緣此心忙慣了所以收攝不住

琴瑟簡編學者不可無蓋有業以居之心就

倒做ー上卷五十九版以是論朱子可並案

補甑ー甑陶器炊飯者補甑俗所謂磁器一釁不可復補治之之意ー言事之已過者不可復治之則當自所以過之心如何而已若於過上用工則如已破之磁而欲補之以掩其釁其流必至於文過也

琴瑟ー近思錄三張橫渠曰書以維持此心一時放下則一時

德性有解讀書則此心常在不
讀書則終看義理不見
居業－易乾文言文

善與人－孟子公孫丑上曰大
舜有大焉善與人同注公天下
之善而不爲私

所惡於上下－大學絜矩章下文
數節可以類推
蘇秦張儀共權謀從傳並見史
紀

不放
先生嘆曰世間知學的人只有這些病痛打
不破就不是善與人同崇一曰這病痛只
是箇好高不能忘己爾
問良知原是中和的如何卻有過不及先生
曰知得過不及處就是中和
所惡於上是良知毋以使下即是致知
先生曰蘇秦張儀之智也是聖人之資後世

肯綮｜莊子養生主篇曰技經肯綮未嘗注骨肉相著之處也

事業文章許多豪傑名家只是學得儀秦故智儀秦學術善揣摸人情無一些不中人肯綮故其說不能窮儀秦亦是窺見得良知妙用處但用之於不善爾

或問未發已發先生曰只緣後儒將未發已發分說了只得劈頭說箇無未發已發使人自思得之若說有箇已發未發聽者依舊落在後儒見解若眞見得無未發已發

說箇有未發已發原不妨原有箇未發已
發在問曰未發未嘗不和已發未嘗不中
譬如鐘聲未扣不可謂無既扣不可謂有
畢竟有箇扣與不扣何如先生曰未扣時
原是驚天動地既扣時也只是寂天寞地
問古人論性各有異同何者乃爲定論先生
曰性無定體論亦無定體有自本體上說
者有自發用上說者有自源頭上說者有

譬如鍾聲一近思錄伊川先生曰沖漠無朕萬象森然已具未應不是先已應不是後云云亦此意

古人論性一孟子性善出滕文公篇荀子性惡出性惡篇揚子性善惡混出脩身篇韓子性三品出原性告子所說亦出孟子告子篇

自流弊處說者總而言之只是這箇性但所見有淺深爾若執定一邊便不是了性之本體原是無善無惡的發用上也原是可以爲善可以爲不善的其流弊也原是一定善一定惡的譬如眼有喜時的眼有怒時的眼直視就是看的眼微視就是覷的眼總而言之只是這箇眼若見得怒時眼就說未嘗有喜的眼見得看時眼就說

未嘗有觀的眼皆是執定就知是錯孟子說性直從源頭上說來亦是說箇大槩如此荀子性惡之說是從流弊上說來也未可盡說他不是只是見得未精耳衆人則失了心之本體問孟子從源頭上說性要人用功在源頭上明徹荀子從流弊說性功夫只在末流上救正便費力了先生曰然

楊慈湖一名簡字敬仲象山門人
人一日以上卷四十五版世道人
凡降條可並案

先生曰用功到精處愈著不得言語說理愈難若著意在精微上全體功夫反蔽泥了楊慈湖不爲無見又著在無聲無臭上見了

人一日間古今世界都經過一番只是人不見耳夜氣清明時無視無聽無思無作淡然平懷就是羲皇世界平旦時神清氣朗雍雍穆穆就是堯舜世界日中以前禮儀交會氣象秩然就是三代世界日中以後

神氣漸昏往來雜擾就是春秋戰國世界
漸漸昏夜萬物寢息景象寂寥就是人消
物盡世界學者信得良知過不爲氣所亂
便常做個羲皇已上人
薛尚謙鄒謙之馬子莘王汝止侍坐因歎先
生自征寧藩已來天下謗議益衆請各言
其故有言先生功業勢位日隆天下忌之
者日衆有言先生之學日明故爲宋儒爭

薛尚謙名侃鄒謙之名守益王
汝止名艮○年譜正德十五年
九月下口泰州王銀服古冠服
執木簡以二詩爲贄請見先生
異其人降階迎之既上坐問何
冠曰有虞氏冠問何服曰老萊
子服曰學老萊子乎曰然曰將
止學服其服未學上堂詐跌掩
面啼哭也銀色動坐漸側及論
致知格物悟曰吾人之學飾情抗節矯諸外先生之學精深極微得之心者也遂反服執弟子禮先生
易其名爲艮字以汝止

鄉愿一論語陽貨篇子曰鄉原德之賊也○原與愿同謹厚也鄉原鄉人之愿者也説見孟子尽心下

今案此條出年譜嘉靖元年二月之下而少異下文曰鄉愿究其心忠信廉潔所以媚君子也同流合汙所以媚小人也其心已破壞矣故不可與入堯舜之道狂者志存古人一切紛囂俗染舉不足以累其心眞有鳳凰翔于千仞之意一克念卽聖人矣惟不克念故闊畧事情而行常不揜其不揜故心尚未壞而庶可與裁曰鄉愿何以斷其媚世曰自其譏狂狷知之狂狷不與俗諧而謂生斯世也爲斯世也善斯可矣此鄉愿志也故其所爲皆色取不疑所以謂之似三代以下士之取盛名於時者不過得鄉愿之似而已然究其忠信廉潔或未免或疑於妻子也雖欲純乎鄉愿亦未易得而況聖人之道乎○與黃宗賢書曰近與尚謙子莘宗明講孟子鄉原狂狷一章頗覺有所警發云云○與尚謙書

是非者亦日博有言先生自南都以後同志信從者日衆而四方排阻者日益力先生曰諸君之言信皆有之但吾一段自知處諸君俱未道及耳諸友請問先生曰我在南都已前尚有些子鄉愿的意思在我今信得這良知眞是眞非信手行去更不著些覆藏我今纔做得箇狂者的胸次使天下之人都說我行不揜言也罷尚謙出

日前所論郷愿可熟味也二字
在震將闍志中尚多未徹云云
○安案先生屬意於狂者每如
此者蓋以其不飾邊幅内外無
一也是乃孔孟眞血脈矣若夫
悉情直行外爲狂態以盜名者
德賊之甚狂者之亦似而非者
爾仁賢之類是也故象山集要
第六目居士盛不妊狂者云云最
敗風俗只裹狷者故自号又次
居士先生曰此言亦有味是亦
當以省察

到看一要書作倒看恐可

董蘿石一年譜嘉靖三年正月
下曰海寧董澐号蘿石以能詩
聞於江湖年六十八來遊會稽
聞先生講學以杖肩其瓢笠詩卷來訪入門長揖上坐先生異其氣貌禮敬之與之語連日夜澐有悟
因何秦強納拜先生與之徜徉山水間澐曰有聞所然樂而忘歸自号從吾道人○和文錄第七卷從
吾道人記詳之

日信得此過方是聖人的眞血脈
先生鍛錬人處一言之下感人最深一日王
汝止出遊歸先生問曰遊何見對曰見滿
街人都是聖人先生曰爾看滿街人是聖
人滿街人到看爾是聖人在又一日董蘿
石出遊而歸見先生曰今日見一異事先
生曰何異對曰見滿街人都是聖人先生
曰此亦常事耳何足爲異蓋汝止圭角未

做得箇愚夫愚婦一　卷丙三十五版曰與愚夫愚婦同的是謂同德與愚夫愚婦異的是謂異端

觸蘿石恍見有悟故問同答異皆反其言而進之洪與黄正之張叔謙汝中丙戌會試歸爲先生道途中講學有信有不信先生曰你們拏一箇聖人去與人講學人見聖人來都怕走了如何講得行須做得箇愚夫愚婦方可與人講學洪又言今日要見人品高下最易先生曰何以見之對曰先生譬如泰山在前有不知仰者須是無

自入先生曰泰山不如平地大平地有何可見先生一言翦裁剖破終年爲外好高之病在座者莫不悚懼

癸未春鄒謙之來越問學居數日先生送別于浮峰是夕與希淵諸友移舟宿延壽寺秉燭夜坐先生慨悵不已曰江濤煙柳故人倏在百里外矣一友問曰先生何念謙之之深也先生曰曾子所謂以能問於不

要書曰以上五十一條錢德洪錄可更考之

癸未一案年譜是嘉靖二年也先生時五十二歲在越

曾子一語出論語泰伯篇

丁亥ー案年譜嘉靖六年先生五十六歲在越五月命兼都察院左都御史征思田六月疏辭不允九月壬午發越中○思田二州名謂之隣廣先是廣西田州岑猛爲亂提督都御史姚鏌征之猛父子悉擒之訖遺目盧蘇王受構衆爲亂攻陷思恩鏌復征之久弗克故有此命○此條與年譜及王龍溪全書所載文字各大不同

無善無惡ー上卷六十版先生

能以多問於寡有若無實若虛犯而不校若謙之者良近之矣

丁亥年九月先生起復征思田將命行時德洪與汝中論學汝中擧先生教言曰無善無惡是心之體有善有惡是意之動知善知惡是良知爲善去惡是格物德洪曰此意如何汝中曰此恐未是究竟話頭若説心體是無善無惡意亦是無善無惡的意

知亦是無善無惡的知物是無善無惡的物矣若說意有善惡畢竟心體還有善惡在德洪曰心體是天命之性原是無善無惡的但人有習心意念上見有善惡在格致誠正修此正是復那性體功夫若原無善惡功夫亦不消說矣是夕侍坐天泉橋各舉請正先生曰我今將行正要你們來講破此意二君之見正好相資爲用不可

日無善無惡是謂至善並全章及此下六十四版至善心之本體並全章共可參考
是夕一年譜所載云緻日明日先生啓行晩可同進請問是日夜分客始散先生將入内聞洪與畿候立庭下先生復出使移席天泉橋上德洪舉與畿論辨請問先生喜日正要二君有此一問我今將行朋友中更無有論證及此者二君之見云云是可以見先生孳孳於講學教人而不倦之一端

各執一邊我這裏接人原有此二種利根之人直從本源上悟入人心本體原是明瑩無滯的原是箇未發之中利根之人一悟本體即是功夫人己内外一齊俱透了其次不免有習心在本體受蔽故且教在意念上實落爲善去惡功夫熟後渣滓去得盡時本體亦明盡了汝中之見是我這裏接利根人的德洪之見是我這裏爲其

次立法的二君相取爲用則中人上下皆可引入於道若各執一邊眼前便有失人便於道體各有未盡既而曰已後與朋友講學切不可失了我的宗旨無善無惡是心之體有善有惡是意之動知善知惡的是良知爲善去惡是格物只依我這話頭隨人指點自沒病痛此原是徹上徹下功夫利根之人世亦難遇本體功夫一悟盡

先生ノ此條本與上文列書今
移上卷曰仁跋文之例低書之
▲初歸越ノ案年譜正德十六
年辛巳先生五十歲在江西茲

透此顏子明道所不敢承當豈可輕易望
人人有習心不教他在良知上實用爲善
去惡功夫只去懸空想箇本體一切事爲
俱不著實不過養成一箇虛寂此箇病痛
不是小小不可不早說破是日德洪汝中
俱有省

先生初歸越時朋友蹤跡尚寥落既後
四方來遊者日進癸未年已後環先生

年八月至越。癸未嘉靖二年也
先生于時五十二歳
天妃一山名。光相一坊名

而居者比屋如天妃光相諸刹每當十
室常合食者數十人夜無臥處更相就
席歌聲徹昏旦南鎮禹穴陽明洞諸山
遠近寺刹徙足所到無非同志游寓所
在先生每臨講坐前後左右環坐而聽
者常不下數百人送往迎來月無虛日
至有在侍更歳不能遍記其姓名者每
臨別先生常嘆曰君等雖別不出在天

地間苟同此志吾亦可以忘形似矣諸生每聽講出門未嘗不跳躍稱快嘗聞之同門先輩曰南都以前朋友從遊者雖衆未有如在越之盛者此雖講學日久孚信漸博要亦先生之學日進感召之機神變無方亦自有不同也

忘形　莊子讓王篇曰養志者忘形養形者忘利

神變　一本無此四字○易係辭曰神無方而易無體

戊子︱嘉靖七年也先生五十七歲十一月二十九日卒于南安事詳見年譜 ▲訃告︱全書三十七引訃告同門書曰夲年季冬十九日寛發西渡錢塘將北趨殿對二十二日有人自廣來傳夫子以病告將還廣嶺聞之且喜且疑即日舟迎至蘭溪復聞夫子已逝相顧駭怖不知所出且相慰曰天為吾道必無此事兼程夜抵龍游驛吏曰信矣於十一月二十九日午時終於江西之南安聞之昏殞憒絕不知所答云云又曰凡我同志遠者仕者雖不必居三年其亦肯間相一聚以庶幾相期於成乎踰月之外喪事少舒將遣人遍採夫子遺言及朋友私錄以續成書凡我同志幸於夫子片紙隻語備錄以示嗣是而後每三年則復遣一人以裒吾夫子之教言不至漫逸云云以驗朋友之進足為吾不肖警私淑也荒悖恍惚不知所云云云

嘉靖戊子冬德洪與王汝中奔師喪至廣信訃告同門約三年收錄遺言繼後同門各以所記見遺洪擇其切於問正者合所私錄得若干條居吳時將與文錄並刻矣適以憂去未遂當是時也四方講學日衆師門宗旨既明若無事於贅刻者故不復營念去年同門曾子才漢得洪手抄復傍為采輯名曰遺言以

刻行於荊洪讀之覺當時采錄未精乃爲刪其重複削去蕪蔓存其三之一名日傳習續錄復刻於寧國之水西精舍今年夏洪來遊蘄沈君思畏曰師門之教久行于四方而獨未及于蘄蘄之士得讀遺言若親炙夫子之教指見良知若重覩日月之光惟恐傳習之不博而未以重複之爲繁也請裒其所逸者增

名曰傳習續錄｜是指自下卷首至此前條

精舍｜事物紀原漢明帝立精舍以處攝摩騰卽白馬寺注今人以佛寺爲精舍不知乃儒者教授之所○象山文集與楊敬仲書云精舍二字出後漢包咸傳其事在建武前儒者講習之地用此名甚無歉也

蘄｜音奇州名

三紀一十二年為紀三紀三十六年也自嘉靖七年戊子至三十五年丙辰得二十九年

刻之君何洪曰然師門致知格物之旨開示來學學者躬修默悟不敢以知解承而惟以實體得故吾師終日言是而不憚其煩學者終日聽是而不厭其數蓋指示專一則體悟日精幾迎於言前神發於言外感遇之誠也今吾師之沒未及三紀而格言微旨漸覺淪晦豈非吾黨身踐之不力多言有以病之耶學

者之趣不一師門之教不宜也乃復取逸稿采其語之不背者得一卷其餘影響不真與文錄既載者皆削之并易中卷為問答語以付黃梅尹張君增刻之庶幾讀者不以知解承而惟以實體得則無疑于是錄矣嘉靖丙辰夏四月門人錢德洪拜書于蘄之崇正書院

黃以方問博學於文為隨事學存此天理然

采其語之不背者得一卷│要書一曰繼又為之補遺總名傳習續錄今案所謂傳習續錄者指上文而是下乃所謂補遺也然而其所采獨黃以方之錄則是又可疑耳

其餘│是逸稿中所采之餘也然下文所謂并易中卷云云語不可曉案中卷八篇之書文錄有載之者有不載之者未知其孰元本而要書以語錄為上下兩卷而中卷則移入之書類是蓋據緒山此語也然中卷不可移易小序分明述之則此所謂中卷云云者蓋指逸稿之中卷乎當存疑▲丙辰案年譜嘉靖三十五年丙辰五月湖廣兵備僉事沈寵建仰止祠於宗正書院祀先生○錢緒山撰仰止祠記

學而不思一 論語爲政子曰學而不思則罔思而不學則殆

則謂行有餘力則以學文其說似不相合先生曰詩書六藝皆是天理之發見文字都包在其中故之詩書六藝皆所以學存此天理也不特發見于事爲者方爲文耳餘力學文亦只博學於文中事或問學而不思二句曰此亦有爲而言其實思即學也學有所疑便須思之思而不學者蓋有此等人只懸空去思要想出一箇道理卻

格天下之物　朱子補傳曰大學之始教必使學者卽凡天下之物莫不因其已知之理益窮之以求至乎其極

一草一木　近思致知程子曰求之性情固切於身然一草一木亦皆有理不可不察

不在身心上實用其力以學存此天理思與學作兩事做故有罔與殆之病其實思只是思其所學原非兩事也

先生曰先儒解格物爲格天下之物天下之物如何格得且謂一草一木亦皆有理今如何去格縱格得草木來如何反來誠得自家意我解格作正字義物作事字義大學之所謂身卽耳目口鼻四肢是也欲修

發竅一語本素問金匱眞言論文

身便是要目非禮勿視耳非禮勿聽口非禮勿言四肢非禮勿動要修這箇身身上如何用得功夫心者身之主宰目雖視而所以視者心也耳雖聽而所以聽者心也口與四肢雖言動而所以言動者心也故欲修身在於體當自家心體常令廓然大公無有些子不正處主宰一正則發竅于目自無非禮之視發竅于耳自無非禮之

聽發竅于口與四肢自無非禮之言動此
便是修身在正其心然至善者心之本體
也心之本體那有不善如今要正心本體
上何處用得工必就心之發動處纔可著
力也心之發動不能無不善故須就此處
著力便是在誠意如一念發在好善上便
實實落落去好善一念發在惡惡上便實
實落落去惡惡意之所發既無不誠則其

至善心之本體一卷內天泉橋
問答及冠注可并案

本體如何有不正的故欲正其心在誠意工夫到誠意始有着落處然誠意之本又在于致知也所謂人雖不知而己所獨知者此正是吾心良知處然知得善却不依這箇良知便做去知得不善却不依這箇良知便不去做則這箇良知便遮蔽了是不能致知也吾心良知既不能擴充到底則善雖知好不能着實好了惡雖知惡不

能著實惡了如何得意誠故致知者意誠之本也然亦不是懸空的致知致知在實事上格如意在于爲善便就這件事上去爲意在于去惡便就這件事上去不爲去惡固是格不正以歸於正爲善則不善正了亦是格不正以歸於正也如此則吾心良知無私欲蔽了得以致其極而意之所發好善去惡無有不誠矣誠意工夫實下

人皆一孟子告子下曹交問曰
人皆可以為堯舜有諸孟子曰
然云云

手處在格物也若知此格物人人便做得
人皆可以爲堯舜正在此也
先生曰衆人只說格物要依晦翁何曾把他
的說去用我著實曾用來初年與錢友同
論做聖賢要格天下之物如今安得這等
大的力量因指亭前竹子令去格看錢子
早夜去窮格竹子的道理竭其心思至於
三日便致勞神成疾當初說他這是精力

聖賢是做不得的丨是謂不能
學以為聖賢下文他字指聖賢
也
在夷三年丨事見年譜

不足某因自去窮格早夜不得其理到七
日亦以勞思致疾遂相與嘆聖賢是做不
得的無他大力量去格物了及在夷中三
年頗見得此意思乃知天下之物本無可
格者其格物之功只在身心上做決然以
聖人為人人可到便自有擔當了這裏意
思卻要說與諸公知道
門人有言邵端峯論童子不能格物只教以

灑掃應對之說先生曰灑掃應對就是一件物童子良知只到此便教去灑掃應對就是致他這一點良知了又如童子知畏先生長者此亦是他良知處故雖嬉戲中見了先生長者便去作揖恭敬是他能格物以致敬師長之良知了童子自有童子的格物致知又曰我這裏言格物自童子以至聖人皆是此等工夫但聖人格物便

要熟得此手不消費力如此格物雖賣柴人亦是做得雖公卿大夫以至天子皆是如此做

知之匪艱行之惟艱出書經說命中

或疑知行不合一以知之匪艱一句爲問先生曰良知自知原是容易的只是不能致那良知便是知之匪艱行之惟艱

門人問曰知行如何得合一且如中庸言博學之又說箇篤行之分明知行是兩件先

易學以ヿ乾文言曰君子學以聚之問以辨之寬以居之仁以行之

孔子言ヿ衛靈公篇曰知及之仁不能守之雖得之必失之知及之仁能守之不莊以涖之則民不敬知及之仁能守之莊以

生曰博學只是事事學存此天理篤行只是學之不已之意又問易學以聚之又言仁以行之此是如何先生曰也是如此事事去學存此天理則此心更無放失時故曰學以聚之然常常學存此天理更無私欲間斷此即是此心不息處故曰仁以行之又問孔子言知及之仁不能守之知行却是兩箇了先生曰說及之已是行了但

涖之動之不以礼未善也

程子云一近思録二問心有善悪否曰在天為命在物為理在人為性主於身為心其實一也

立言宗旨一巻内十四版并上巻八版可并案

不能常常行己為私欲間斷便是仁不能守又問心即理之說程子云在物為理如何謂心即理先生曰在物為理在字上當添一心字此心在物則為理如此心在事父則為孝在事君則為忠之類先生因謂之曰諸君要識得我立言宗旨我如今說箇心即理是如何只為世人分心與理為二故便有許多病痛如五伯攘夷狄尊周

室都是一箇私心便不當理人卻說他做得當理只心有未純往往悅慕其所爲要來外面做得好看卻與心全不相干分心與理爲二其流至于伯道之僞而不自知故我說箇心卽理要使知心理是一箇便來心上做工夫不去襲義於外便是王道之眞此我立言宗旨又問聖賢言語許多如何卻要打做一箇曰我不是要打做一

於外一通本作於義今據一本及要書改之

箇如曰天道一而已矣又曰其爲物不貳

則其生物不測天地聖人皆是一箇如何

二得

心不是一塊血肉凡知覺處便是心如耳目

之知視聽手足之知痛癢此知覺便是心

也

以方問曰先生之說格物凡中庸之慎獨及

集義博約等說皆爲格物之事先生曰非

天道一而已矣 孟子滕文公上

爲物不貳 中庸其爲物不貳

則其生物不測

也格物即愼獨即戒懼至於集義博約工夫只一般不是以那數件都做格物底事

以方問尊德性一條先生曰道問學即所以尊德性也晦翁言子靜以尊德性誨人某教人豈不是道問學處多了些子是分尊德性道問學作兩件且如今講習討論下許多工夫無非只是存此心不失其德性而已豈有尊德性只空空去尊更不去問

尊德性—中庸第二十八章曰尊德性而道問學致廣大而盡精微極高明而道中庸溫故而知新敦厚以崇禮朱注曰德性吾所以受於天之正理道由也

晦翁言—朱子文集答項平甫書曰大抵子思以來教人之法惟以尊德性道問學兩事為用力之要今子靜所說專是尊德性事而熹平日所論卻是問學上多了所以為彼學者多持守可觀而看得義理全不子細又別說一種杜撰道理遮蓋不肯

放下而喜自覺雖於義理上不敢亂說卻於緊要爲己爲人上多不得力今當反身用力去短集長庶幾不墮一邊耳

學問學只是空空去問學更與德性無關涉如此則不知今之所以講習討論者更學何事問致廣大二句曰盡精微即所以致廣大也道中庸即所以極高明也蓋心之本體自是廣大底人不能盡精微則便爲私欲所蔽有不勝其小者矣故能細微曲折無所不盡則私意不足以蔽之自無許多障礙遮隔處如何廣大不致又問精

微還是念慮之精微是事理之精微曰念
慮之精微即事理之精微也

先生曰今之論性者紛紛異同皆是說性非
見性也見性者無異同之可言矣

問聲色貨利恐良知亦不能無先生曰固然
但初學用功卻須掃除蕩滌勿使留積則
適然來遇始不爲累自然順而應之良知
只在聲色貨利上用工能致得良知精精

明明毫髮無蔽則聲色貨利之交無非天則流行矣

先生曰吾與諸公講致知格物日日是此講一二十年俱是如此諸君聽吾言實去用功見吾講一番自覺長進一番否則只作一場話說雖聽之亦何用

先生曰人之本體常常是寂然不動的常常是感而遂通的未應不是先已應不是後

佛家｜不知爲誰

一友舉佛家以手指顯出問曰衆曾見否衆曰見之復以手指入袖問曰衆還見否衆曰不見佛說還未見性此義未明先生曰手指有見有不見爾之見性常在人之心神只在有覩有聞上馳騖不在不覩不聞上著實用功蓋不覩不聞是良知本體戒愼恐懼是致良知的工夫學者時時刻刻常覩其所不覩常聞其所不聞工夫方有

箇實落處久久成熟後則不須著力不待防檢而眞性自不息矣豈以在外者之聞見爲累哉

問先儒謂鳶飛魚躍與必有事焉同一活潑潑地先生曰亦是天地間活潑潑地無非此理便是吾良知的流行不息致良知便是必有事的工夫此理非惟不可離實亦不得而離也無往而非道無往而非工夫

先儒—明道先生語

先生曰諸公在此務要立箇必為聖人之心時時刻刻須是一棒一條痕一摑一掌血方能聽吾說話句句得力若茫茫蕩蕩度日譬如一塊死肉打也不知得痛癢恐終不濟事回家只尋得舊時伎倆而已豈不惜哉

問近來妄念也覺少亦覺不曾著想定要如何用功不知此是工夫否先生曰汝且去

佛一宇兼功記

著實用工便多這些著想也不妨久久自會安帖若纔下得些功便說效驗何足為

一友自嘆私意萌時分明自心知得只是不能使他即去先生曰爾萌時這一知處便是爾的命根當下即去消磨便是立命功夫

夫子說性相近即孟子說性善不可專在氣質上說若說氣質如剛與柔對如何相近

安帖ト字彙定也

足為ト一本有持字

立命ノ孟子盡心脩身以俟之所以立命也

性相近ノ論語陽貨子曰性相近也習相遠也注曰此所謂性兼氣質而言者也氣質之性固有美惡之不同矣然以其初而言則皆不甚相遠也但習於善則善習於惡則惡於是始相遠耳

▲剛善剛惡ノ通書或問曰曷為天下善曰師曰何謂也曰性者剛柔善惡中而已矣不達曰剛善為義為直為斷為嚴毅為幹固惡為猛為隘為強梁柔善為慈為順為巽惡為懦弱為無斷為邪佞

得惟性善則同耳人生初時善原是同的
但剛的習於善則爲剛善習於惡則爲剛
惡柔的習於善則爲柔善習於惡則爲柔惡
便日相遠了
先生嘗語學者曰心體上著不得一念留滯
就如眼著不得些子塵沙些子能得幾多
滿眼便昏天黑地了又曰這一念不但是
私念便好的念頭亦著不得些子如眼中

放些金玉屑一 臨濟錄金屑雖貴入眼爲瞖

此條卷內三十七版朱本思問條及三十八版大人與物同體條並可合考

放此金玉屑眼亦開不得了

問人心與物同體如吾身原是血氣流通的所以謂之同體若於人便異體了禽獸草木益遠矣而何謂之同體先生曰爾只在感應之幾上看豈但禽獸草木雖天地也與我同體的鬼神也與我同體的請問先生曰爾看這箇天地中間甚麼是天地的心對曰嘗聞人是天地的心曰人又甚麼

可知　自是以下先生語

教做心對曰只是一箇靈明可知充天塞地中間只有這箇靈明人只爲形體自間隔了我的靈明便是天地鬼神的主宰天沒有我的靈明誰去仰他高地沒有我的靈明誰去俯他深鬼神沒有我的靈明誰去辨他吉凶災祥天地鬼神萬物離卻我的靈明便沒有天地鬼神萬物了我的靈明離卻天地鬼神萬物亦沒有我的靈明

征思田ノ考出前

佛家ノ事事皆空涅槃等經所說幻相也諸法實相法華所說也

如此便是一氣流通的如何與他間隔得
又問天地鬼神萬物千古見在何沒了我
的靈明便俱無了曰今看死的人他這些
精靈游散了他的天地萬物尚在何處
先生起行征思田德洪與汝中追送嚴灘汝
中舉佛家實相幻相之說先生曰有心俱
是實無心俱是幻無心俱是實有心俱是
幻汝中曰有心俱是實無心俱是幻是本

體上說功夫無心俱是實有心俱是幻是
功夫上說本體先生然其言洪於是時尚
未了達數年用功始信本體功夫合一但
先生是時因問偶談若吾儒指點人處不
必借此立言耳
嘗見先生送二三耆宿出門退坐于中軒若
有憂色德洪趨進請問先生曰頃與諸老
論及此學眞員鑿方枘此道坦如道路世

員鑿方枘　枘字彙音芮木耑
所以入鑿宋玉九辨圓枘而方

鑿吾固知鉏鋙而難入○楊
升菴曰枘作柄尤可笑
一傲字｜近思錄克己伊川曰
相別一年做得甚工夫謝曰也
只去箇矜字曰何故曰子細檢
點得來病痛盡在這裏若按伏
得這箇罪過方有向進處伊川
點頭因語在坐同志者曰此人
為學切問近思者也○案傲矜
自是一物當自反
象與丹朱俱不肖｜孟子萬章
上曰丹朱之不肖舜之子亦不
肖 ○書益稷丹朱傲惟慢遊是好傲虐是作云云 ○象傲見堯典

儒往往自加荒塞終身陷荊棘之場而不悔吾不知其何說也德洪退謂朋友曰先生誨人不擇衰朽仁人憫物之心也

先生曰人生大病只是一傲字為子而傲必不孝為臣而傲必不忠為父而傲必不慈為友而傲必不信故象與丹朱俱不肖亦只一傲字便結果了此生諸君常要體此人心本是天然之理精精明明無纖介染

又曰此道至簡至易ノ案此以下兩條一本移在上條先生曰孔子無不知條之前要書與是同

如示諸掌ノ論語八佾曰其如示諸斯乎指其掌○中庸曰治國其如示諸掌乎

著只是一無我而已胷中切不可有有即傲也古先聖人許多好處也只是無我而已無我自能謙謙者衆善之基傲者衆惡之魁

又曰此道至簡至易的亦至精至微的孔子曰其如示諸掌乎且人於掌何日不見及至問他掌中多少文理卻便不知卽如我良知二字一講便明誰不知得若欲的見

爲道上至所適易下係辭文○六虛謂卦之六位典常也要求也言不可以典常要求之也

論語先進篇子曰回也非助我者也於吾言無所不說

良知卻誰能見得問曰此知恐是無方體的最難捉摸先生曰良知卽是易其爲道也屢遷變動不居周流六虛上下無常剛柔相易不可爲典要惟變所適此知如何捉摸得見得透時便是聖人

問孔子曰回也非助我者也是聖人果以相助望門弟子否先生曰亦是實話此道本無窮盡問難愈多則精微愈顯聖人之言

本自周遍但有問難的人胷中窒礙聖人被他一難發揮得愈加精神若顔子聞一知十胷中了然如何得問難故聖人亦寂然不動無所發揮故曰非助

鄒謙之嘗語德洪曰舒國裳曾持一張紙請先生寫拱把之桐梓一章先生懸筆爲書到至於身而不知所以養之者顧而笑曰國裳讀書中過狀元來豈誠不知身之所

聞一知十　論語公冶長同也聞一以知十注一ハ數之始十ハ數之終

拱把　孟子告子上曰拱把之桐梓人苟欲生之皆知所以養之者至於身不知所以養之者豈愛身不若桐梓哉弗思甚也注拱兩手所圍也把一手所握也桐梓二木名

篇尾一本有知者良知也天然自有即至善也物者良知所知之事也格者格其不正以歸於正也格之斯實致之矣一章四十字

以當養還須誦此以求警一時在侍諸友皆惕然

朱子病目ー　事見答潘叔昌潘叔度二書此巻載之

無意中ー　和文録三與安之書曰留都時偶因饒舌遂致多口攻之者環四面取朱子晩年悔悟之説集為定論聊藉以解紛耳門人輩近刻之雩都初聞甚不喜然士夫見之乃往往遂有

附錄朱子晩年定論

定論首刻於南贛朱子病目靜久忽悟聖學之淵微乃大悔中年註述誤已誤人遍告同志師閲之喜已學與晦翁同手錄一巻門人刻行之自是為朱子論異同者寡矣師曰無意中得此一助隆慶壬申虬峰謝君廷傑刻師全書命刻定論附語錄後見師之學與朱子無相

繆戾則千古正學同一源矣并師首敘
與袁慶麟跋凡若干條洪僭引其說

開發者無意中得此一助亦願
首頻舌之勞近年篁墩諸公嘗
有道一等編見者先懷黨同伐
異之念故至不能有入反激而
怒今但取朱子所自言者表章
之不加一辭雖有褊心將無所
施其怒矣云云
隆慶一明穆宗年号壬申六年
也

定論序—通版本、無序字、而篇首有陽明子序曰五字、今改之。
▲濂溪明道—竊案朱文公稱濂溪為道統、見三先生祠堂記、太極通書後序亦曰獲先生餘教於百有餘年之後、然而於大中二序、則專稱二程、而不及周子者、蓋以其無與二書之功歟。且其論二程也、常以同德、而其所自為說、則又多本於伊川、好學論之意、而少據於明道定性書之言、文成公、教人常專主於定性書、其稱道統、亦每舉濂溪明道、而不及伊川、則其學之所尊尚、於是亦可以見一端也。
早歲—事見年譜。

朱子晚年定論序

洙泗之傳、至孟氏而息、千五百餘年、濂溪明道始復追尋其緒、自後辨析日詳、然亦日就支離決裂、旋復湮晦、吾嘗深求其故、大抵皆世儒之多言有以亂之、守仁早歲業舉、溺志詞章之習、既乃稍知從事正學、而苦於衆說之紛撓疲薾、茫無可入、因求諸老釋、欣然有會於心、以為聖人之學在

疲痾｜字彙疢字注丑忍切嗔蓋習爲病徐鉉曰今俗別作痾非周伯温曰別作疹非

證五經｜先生居夷著五經臆說而今不傳序見和文錄第三

此矣然於孔子之教間相出入而指之曰
用往往缺漏無歸依違往返且信且疑其
後謫官龍場居夷處困動心忍性之餘恍
若有悟體念探求再更寒暑證諸五經四
子沛然若決江河而放諸海也然後嘆聖
人之道坦如大路而世之儒者妄開竇徑
蹈荊棘墮坑塹究其爲說反出二氏之下
宜乎世之高明之士厭此而趨彼也此豈

二氏之罪哉間嘗以語同志而聞者競相
非議目以為立異好奇雖每痛反深抑務
自搜剔斑瑕而愈益精明的確洞然無復
可疑獨於朱子之說有相牴牾恒疚於心
切疑朱子之賢而豈其於此尚有未察及
官留都復取朱子之書而檢求之然後知
其晚歲固已大悟舊說之非痛悔極艾至
以為自誑誑人之罪不可勝贖世之所傳

集註或問之類乃其中年未定之說自咎
以爲舊本之誤思改正而未及而其諸語
類之屬又其門人挾勝心以附已見固於
朱子平日之說猶有大相繆戾者而世之
學者局於見聞不過持循講習於此其於
悟後之論槩乎其未有聞則亦何怪乎予
言之不信而朱子之心無以自暴於後世
也乎予既自幸其說之不繆於朱子又喜

先得我心ー孟子告子上曰心之所同然者何也謂理也義也聖人先得我心之所同然耳

正德乙亥ー乙亥正德十年也先生于時四十四歲○案年譜正德十三年戊寅七月刻晚年定論

答黃直卿ー朱子文集第四十六卷載之又出續集是取續集

朱子之先得我心之同然且嘅夫世之學者徒守朱子中年未定之說而不復知求其晚歲既悟之論競相呶呶以亂正學不自知其已入於異端輒採錄而裒集之私以示夫同志庶幾無疑於吾說而聖學之明可冀矣正德乙亥冬十一月朔後學餘姚王守仁序

答黃直卿書

為學直是先要立本文義卻可且與說出正意令其寬心玩味未可便令考校同異研究纖密恐其意思促迫難得長進將來見得大意略舉一二節目漸次理會蓋未晚也此是向來定本之誤今幸見得卻須勇革不可苟避譏笑卻誤人也

答呂子約

日用工夫比復何如文字雖不可廢然涵養

所載定本之三字本集作差一字

此書勞頭數句即象山讀書之法散在集要者可以參考

向來定本一謂向來所立之誤也　○朱子語類百二十四曰聖賢教人有定本如博學審問謹思明辨篤行是也其人資質剛柔敏鈍不可一槩論其教則不易禪家教更無定今日說有定明日又說無陸子靜似之云云　○文集答呂伯恭書曰教人恐須先立定本卻就上面整頓方始說得無定本底道理云云　○不避譏笑以誤人此是大英雄

▲答呂子約一本集四十七載之無的察之的字書閒下有間字

彼中ト指上文世俗功利權謀之徒

程子ハ明道先生也語出近思錄云不有躬無攸利不立己後雖向好事猶為化物不得以天下云云

本原的察於天理人欲之判此是日用動靜之間不可頃刻間斷底事若於此處見得分明自然不到得流入世俗功利權謀裏去矣意亦近日方實見得向日支離之病雖與彼中證候不同然忘己逐物貪外虛內之失則一而已程子說不得以天下萬物撓己已立後自能了得天下萬物今自家一箇身心不知安頓去處而談王說伯將經世事業別作

一箇伎倆商量講究不亦謬乎相去遠不得
面論書問終說不盡臨風嘆息而已

答何叔京

前此僭易拜稟博觀之敝誠不自揆乃蒙見
是何幸如此然觀來喩似有未能遽舍之意
何邪此理甚明何疑之有若使道可以多聞
博觀而得則世之知道者爲不少矣熹近日
因事方有少省發處如鳶飛魚躍明道以爲

何叔京　出文集四十卷乃今
作今乃

潘叔昌 出文集四十六天大誤作大人

與必有事焉勿正之意同者乃今曉然無疑日用之間觀此流行之體初無間斷處有下工夫處乃知日前自誑誑人之罪蓋不可勝贖也此與守書冊泥言語全無交涉幸於日用間察之知此則知仁矣

答潘叔昌

示喩天上無不識字底神仙此論甚中一偏之弊然亦恐只學得識字卻不曾學得上天

即不如且學上天耳上得天了卻旋學上天人亦不妨也中年以後氣血精神能有幾何不是記故事時節熹以目昏不敢著力讀書閒中靜坐收斂身心頗覺得力閒起看書聊復遮眼遇有會心處時一喟然耳

答潘叔度

熹衰病今歲幸不至劇但精力益衰目力全短看文字不得冥目靜坐卻得收拾放心覺

潘叔度　出文集四十六靜作閒。

答呂子約一　出文集第四十七

下文曰況以子約平日氣體不甚壯實豈可直以耽書之故遂忽於調攝養之術令氣得以舒暢豈是聖人謹疾孝子守身之意哉

一一　明道語出近思錄及小學下文云只外面有些隙罅便走了

得日前外面走作不少頗恨見發之不早也看書鮮識之驗誠然然嚴霜大凍之中豈無些小風和日煖意思要是多者勝耳

與呂子約

孟子言學問之道惟在求其放心而程子亦言心要在腔子裏今一向耽著文字令此心全體都奔在冊子上更不知有己便是箇無知覺不識痛癢之人雖讀得書亦何益於吾

與周叔謹｜出文集四十五三大
支文作太支開中作閒中爲是作
爲要吾亦作苦索
呂陸｜呂指東萊

事邪

與周叔謹

應之甚恨未得相見其爲學規模次第如何近來呂陸門人互相排斥此由各徇所見之偏而不能公天下之心以觀天下之理甚覺不滿人意應之蓋嘗學於兩家未知其於此看得果如何因話扣之因書諭及爲幸也熹近日亦覺向來說話有大支離處反身以求

正坐自已用功亦未切耳因此減去文字功夫覺得閒中氣象甚適每勸學者亦且看孟子道性善求放心兩章著實體察收拾爲是其餘文字且大槩諷誦涵養未須大段著力考索也

答陸象山

熹衰病日侵去年災患亦不少比來病軀方似略可支吾然精神耗減日甚一日恐終非

答陸象山、出文集三十六作陸子靜此來二字作數日來三字 ○謹案文公此言出於一旦感激而非移身換骨者其後象山卒文公弔之以爲死了告子則其所以自信亦可見也

故羅整菴難之先生答之而求
是編又譏之文公嘗與陸子壽
曰相與極論無猜道合志同
夫子公豈眞以爲道合志同者
乎豈其以然陸而難立言之
是取其所同而不取其所
是因賢者之心矣而先生
未之亦可以見其心也若
是編則妄論已豈足以爲輕
重哉

答符復仲　出文集五十五又

能久於世者所幸邇來日用功夫頗覺有力無復向來支離之病甚恨未得從容面論未知異時相見尚復有異同否耳

答符復仲

聞向道之意甚勤向所諭義利之間誠有難擇者但意所疑以爲近利者即便舍去可也向後見得親切卻看舊事又有見未盡舍未盡者不解有過當也見陸丈回書其言明當

答呂子約　出文集四十八向仁之親

且就此持守自見功效不須多疑多問卻轉
迷惑也

答呂子約

日用功夫不敢以老病而自懈覺得此心操
存舍亡只在反掌之間向來誠是太涉支離
蓋無本以自立則事事皆病耳又聞講授亦
頗勤勞此恐或有未便今日正要清源正本
以察事變之幾微豈可一向汩溺於故紙堆

與吳茂實　出文集四十四　欲願

答張敬夫　出文集三十一

中使精神昏弊失後忘前而可以謂之學乎

與吳茂實

近來自覺向時工夫止是講論文義以爲積集義理久當自有得力處卻於日用工夫全少檢點諸朋友往往亦只如此做工夫所以多不得力今方深省而痛懲之亦欲與諸同志勉焉幸老兄偏以告之也

答張敬夫

熹窮居如昨無足言者自遠去師友之益兀
兀度日讀書反己固不無警省處終是旁無
彊輔因循汩沒尋復失之近日一種向外走
作心悅之而不能自已者皆準止酒例戒而
絕之似覺省事此前輩所謂下士晚聞道聊
以拙自修者若擴充不已補復前非庶其有
日舊讀中庸慎獨大學誠意毋自欺處常苦
求之太過措詞煩猥近日乃覺其非此正是

最切近處最分明處乃舍之而談空於冥漠
之間其亦誤矣方竊以此意痛自檢勒懔然
度日惟恐有怠而失之也至於文字之間亦
覺向來病痛不少蓋平日解經最爲守章句
者然亦多是推衍文義自做一片文字非惟
屋下架屋說得意味淡薄且是使人看者將
註與經作兩項工夫做了下稍看得支離至
於本旨全不相照以此方知漢儒可謂善說

答呂伯恭 出文集三十三

經者不過只說訓詁使人以此訓詁玩索經文訓詁經文不相離異只做一道看了直是意味深長也

答呂伯恭

道間與季通講論因悟向來涵養功夫全少而講說又多彊探必取尋流逐末之弊推類以求衆病非一而其源皆在此恍然自失似有頓進之功若保此不懈庶有望於將來然

非如近日諸賢所謂頓悟之機也向來所聞
誨諭諸説之未契者今日細思脗合無疑大
抵前日之病皆是氣質躁妄之偏不曾涵養
克治任意直前之弊耳

答周純仁

閒中無事固宜謹出然想亦不能一併讀得
許多似此專人來往勞費亦是未能省事隨
寓而安之病又如多服燥熱藥亦使人血氣

答周純仁　出文集六十二

專人　諸使人　本論語使於四方不能專對雖多亦奚以爲語

右答黃文卿　出文集五十九

偏勝不得和平不但非所以衛生亦非所以養心竊恐更須深自思省收拾身心漸令向裏令寧靜閒退之意勝而飛揚燥擾之氣消則治心養氣處世接物自然安穩一時長進無復前日內外之患矣

答黃文卿

爲學之要只在著實操存密切體認自己身心上理會切忌輕自表襮引惹外人辨論枉

答呂子約　出全集四十八

費酬應分却向裏工夫

答呂子約

聞欲與二友俱來而復不果深以爲恨年來覺得日前爲學不得要領自做身主不起反爲文字奪却精神不是小病每一念之惕然自懼且爲朋友憂之而每得子約書輒復恍然尤不如所以爲賢者謀也且如臨事遅回瞻前顧後只此亦可見得心術影子當時若

答林擇之　出文集四十三答
作分然作無本集誤矣

得相聚一番彼此極論庶幾或有剖決之助
今又失此幾會極令人悵恨也訓導後生若
說得是當極有可自警省處不會減人氣力
若只如此支離漫無統紀則雖不教後生亦
只見得展轉迷惑無出頭處也

答林擇之

熹哀苦之餘無他外誘日用之間痛自斂飭
乃知敬字之功親切要妙乃如此而前日不

同上末字作來亦誤也

知於此用力徒以口耳浪費光陰人欲橫流
天理幾滅今而思之惕然震悚益不知所以
措其躬也

又

此中見有朋友數人講學其間亦難得朴實
頭負荷得者因思日前講論只是口說不曾
實體於身故在己在人都不得力今方欲與
朋友說日用之間常切點檢氣習偏處意欲

其門人 相訪　萬正淳曹立之
項平甫胡季隨包顯道包敏道
湯敬仲陳君舉等往來於朱陸
者不可枚舉而兩先生共教之
無二心夫二先生各自執其所見
甚不可相容而其無偏心如此
非後世猜忌險薄徒所能知矣
▲舊病ー朱子嘗謂陸子專於
德性而畧於問學又自謂專於
問學而輕於德性此指陸子之
舊病還是朱子之舊病
梁文叔　出文集四十四便無
之便作更

萠處與平日所講相似與不相似就此痛著
工夫庶幾有益陸子壽兄弟近日議論卻肯
向講學上理會其門人有相訪者氣象皆好
但其間亦有舊病此間學者卻是與渠相反
初謂只如此講學漸涵自能入德不謂末流
之弊只成說話至於人倫日用最切近處亦
都不得毫毛氣力此不可不深懲而痛警也

答梁文叔

近看孟子見人即道性善稱堯舜此是第一義若於此看得透信得及直下便是聖賢便無一毫人欲之私做得病痛若信不及孟子又說箇第二節工夫又只引成覸顏淵公明儀三段說話教人如此發憤勇猛向前日用之間不得存留一毫人欲之私在這裏此外更無別法若於此有箇奮迅興起處方有田地可下功夫不然即是畫脂鏤冰無眞實得

孟子　滕文公上孟子道性善言必稱堯舜又曰成覸謂齊景公曰彼丈夫也我丈夫也吾何畏彼哉顏淵曰舜何人也予何人也有爲者亦若是公明儀曰文王我師也周公豈欺我哉

畫脂　鹽鐵論內無其質而外學其文若畫脂鏤冰費日損功

力處也近日見得如此自覺頗得力與前日
不同故此奉報

答潘叔恭

學問根本在日用間持敬集義工夫直是要
得念念省察讀書求義乃其間之一事耳舊
來雖知此意然於緩急之間終是不覺有倒
置處誤入不少今方自悔耳

答林充之

答潘叔恭　出文集第五十卷
作恭○緩急下有先後二字○
下文曰大抵近日學者之弊苦
其說太高與太多耳如此只見
意緒叢雜都無玩味功夫不惟
失卻聖賢之本意亦分卻日用
實功不可不戒也又云范公立
之說云云此等功夫儘有餘
乃可為不可使勝卻涵養省察
之實也

答林充之　出文集四十三

爲仁之本、謂孝弟。論語有子曰、孝弟也者其爲仁之本與。

充之近讀何書。恐要當求於日用之間爲仁之本者深加省察、而去其有害於此者爲佳。不然誦說雖精、而不踐其實、君子蓋深恥之。此固充之平日所講聞也。

答何叔京

李先生教人、大抵令於靜中體認大本未發時氣象分明、即處事應物、自然中節。此乃龜山門下相傳指訣。然當時親炙之時、貪聽講

答何叔京　出文集第四十卷。京字、陽明全書及通版傳習錄皆誤作景字、今改之。○孤負、文集作辜負。

延平答問答元晦庚辰書曰、某曩時從羅先生學問、終日相對靜坐、只說文字、未嘗及一雜語。先生極好靜坐。某時未有知、退入室中、亦只靜坐而已。先生令靜中看喜怒哀樂未發之謂中、未發時作何氣象。此意不唯於進學有力、兼亦是養心之要。元晦偶有心恙、不可思索、更於此一句內求之、靜坐看如何。往往不能無補也。

又　同上偷惰作媮墮悟作悞

論又方竊好章句訓詁之習不得盡心於此至今若存若亡無一的實見處孤負教育之意每一念此未嘗不愧汗沾衣也

又

熹近來尤覺昏憒無進步處蓋緣日前偷惰苟簡無深探力行之志凡所論說皆出入口耳之餘以故全不得力今方覺悟欲勇革舊習而血氣已衰心志亦不復彊不知終能有

又 同上察良間有於字恐是
也氏由之氏誤作是

所濟否

又

向來矣論持敬之說亦不自記其云何但因
其良心發見之微猛省提撕使心不昧則是
做工夫底本領本領既立自然下學而上達
矣若不察良心發見處卽渺渺茫茫恐無下
手處也中間一書論必有事焉之說卻儘有
病殊不蒙辨詰何邪所喻多識前言往行固

隔幾重公案　案朱文公作近思錄曰四子六經之階梯近思錄四子之階梯亦是隔幾重公案○公案中峯錄云公案乃喻乎公府之案牘也

君子之所急憙向來所見亦是如此近因反求未得箇安穩處卻始知此未免支離如所謂因諸公以求程氏因程氏以求聖人是隔幾重公案曷若默會諸心以立其本而其言之得失自不能逃吾之鑒邪欽夫之學所以超脫自在見得分明不爲言句所桎梏只爲合下入處親切今日說話雖未能絕無滲漏終是本領是當非吾輩所及但詳觀所論自

答林擇之　出文集四十三

可見矣

答林擇之

所論顏孟不同處極善極善正要見此曲折始無窒礙耳比來想亦只如此用功熹近只就此處見得向來未見底意思乃知存久自明何待窮索之語是眞實不誑語今未能久已有此驗況眞能久邪但當益加勉勵不敢少弛其勞耳

答楊子直　出文集四十五

與田侍郎　出續集第五卷。專攬作更攬，陽明全書作更攬。案

答楊子直

學者墮在語言，心實無得，固為大病。然於語言中罕見有究竟得徹頭徹尾者，蓋資質已是不及古人，而功夫又草草，所以終身於此若存若亡，未有卓然可恃之實。近因病後不敢極力讀書，閒中卻覺有進步處。大抵孟子所論求其放心是要訣爾。

與田侍郎子真

專更未知孰是攅儹攢義相同聚也然攅有鑽義全書恐是也

答陳才卿　出文集五十九卷

參前倚衡　論語衛靈公篇曰立則見其參於前也在輿則見其倚於衡注忠信篤敬念念不忘隨其所在常若有見

吾輩今日事事做不得只有向裏存心窮理外人無交涉然亦不免意條礙貫看來無著力處只有專攅近裏面安身立命爾不審比日何所用心因書及之深所欲聞也

答陳才卿

詳來示知日用工夫精進如此尤以爲喜若知此心此理端的在我則參前倚衡自有不容捨者亦不待求而得不待操而存矣格物

與劉子澄　出文集二十五

致知亦是因其所已知者推之以及其所未
知只是一本原無兩樣工夫也

與劉子澄

居官無修業之益若以俗學言之誠是如此
若論聖門所謂德業者卻初不在日用之外
只押文字便是進德修業地頭不必編綴異
聞乃爲修業也近覺向來爲學實有向外浮
泛之弊不惟自誤而誤人亦不似方別尋得

一頭緒似差簡約端的始知文字言語之外
眞別有用心處恨未得面論也浙中後來事
體大段支離乖僻恐不止似正似邪而已極
令人難說只得惶恐痛自警省恐未可專執
舊說以爲取舍也

與林擇之

熹近覺向來乖謬處不可縷數方惕然思所
以自新者而日用之間悔吝潛積又已甚多

與林擇之

朝夕惴懼不知所以為計若擇之能一二來輔此不逮幸甚然講學之功比舊卻覺稍有寸進以此知初學得此靜中功夫亦為助不小

答呂子約

示喻日用工夫如此甚善然亦且要見一大頭腦分明便於操舍之間有用力處如實有一物把住放行在自家手裏不是漫說求其放心實卻茫茫無把捉處也

答呂子約　出文集四十八下
文曰公而以人體之只是無私心而此理自然流行耳非是公後又將此意尋討他也

子約復書　今案、文集四十八
前條之末、截之而入汨汨已下
大異、於此朱子答書以下、則同
於此更可考之

程子語見遺書。○易繫辭云
仁者見之謂之仁、知者見之謂
之知、百姓日用不知、故君子之
道鮮矣

子約復書云某蓋嘗深體之此箇大頭腦本
非外面物事是我元初本有底其曰人生而
靜其曰喜怒哀樂之未發其曰寂然不動人
汨汨地過了日月不曾存息不曾實見此體
段如何會有用力處程子謂這箇義理仁者
又看做仁了智者又看做智了百姓日用而
不知此所以君子之道鮮此箇亦不少亦不
剩只是人看他不見不大段信得此話及其

言於勿忘勿助長間認取者認乎此也認得此則一動一靜皆不昧矣惻隱羞惡辭讓是非四端之著也操存久則發見多忿懥憂患好樂恐懼不得其正也放舍甚則日滋長記得南軒先生謂驗厥操舍乃知出入乃是見得主腦於操舍間有用力處之實話蓋苟知主腦不放下雖是未能常常操存然語默應酬間歷歷能自省驗雖其實有一物在我手

裏然可欲者是我底物不可放失不可欲者非是我物不可留藏雖謂之實有一物在我手裏亦可也若是漫說既無歸宿亦無依據縱使彊把捉得住亦止是襲取夫豈是我元有底邪愚見如此敢望指教朱子答書云此段大槩甚正當親切

答呉徳夫

承喻仁字之說足見用力之深熹意不欲如

可欲者　孟子盡心下可欲之謂善有諸己之謂信註天下之理其善者必可欲其惡者必可惡

呉徳夫　出文集四十五卷便祭間有欲字

匹坐談但直以孔子程子所示求仁之方擇其一二切於吾身者篤志而力行之於動靜語默間勿令間斷則久久自當知味矣去人欲存天理且據所見去之存之功夫既淺則所謂似天理而實人欲者次第可見今大體未正而便察及細微恐有放飯流歠而問無齒決之譏也如何如何

答或人

放飯　孟子盡心上曰不能三年之喪而緦小功之察放飯流歠而問無齒決是之謂不知務註云放飯大飯流歠長歠不敬之大者也齒決齧斷乾肉不敬之小者問講求之意 ●

答或人　案是文集第四十三

答林擇之書之畧文也答或人書無此文○孤負文集作辜負

答劉子澄　出文集三十五註作著語今間有因循偷惰安得不至於此十字

中和二字皆道之體用舊聞李先生論此最詳後來所見不同遂不復致思今乃知其爲人深切然恨已不能盡記其曲折矣如云人固有無所喜怒哀樂之時然謂之未發則不可言無主也又如先言愼獨然後及中和此亦嘗言之但當時既不領畧後來又不深思遂成蹉過孤負此翁耳

答劉子澄

君子—礼記檀弓君子之愛人也以德細人之愛人也以姑息

眞西山　宋人名德秀字景元所著心經可以見其學

日前爲學緩於反己追思凡百多可悔者所論註文字亦坐此病多無著實處回首茫然計非歲月功夫所能救治以此愈不自快前時猶得敬夫伯恭時惠規益得以自警省二友云亡耳中絕不聞此等語今乃深有望於吾子澄自此惠書痛加鐫誨乃君子愛人之意也

朱子之後如眞西山許魯齋呉草廬亦

許魯齋　名衡字平仲呉草廬名澄字幼清共宋人後皆事元至顯官故論者或以為失節或以為行權事并詳于元史

依稀　稀與希通彷彿也趙部詩風景依稀似去年

程子四傳　程明道傳之於楊龜山龜山傳之於羅豫章豫章傳之於李延平延平傳之於朱新安

皆有見於此而草廬見之尤眞悔之尤切今不能備錄取草廬一說附於後

臨川呉氏曰天之所以生人人之所以為人以此德性也然自聖傳不嗣士學靡宗漢唐千餘年間董韓二子依稀數語近之而原本竟昧昧也逮夫周程張邵興始能上通孟氏而為一程氏四傳而至朱文義之精密又孟氏以來所未有者其學徒往往滯於此而溺

嘉定　元太祖年号泰和八年没後
九年改元

天之所以與我者　孟子告子
上曰心之官則思思則得之不
思則不得也此天之所與我者
先立乎其大者則小者不能奪
也此為大人而已矣

其心夫既以世儒記誦詞章為俗學矣而其為學亦未離乎言語文字之末此則嘉定以後朱門末學之敝而未有能救之者也夫所貴乎聖人之學以能全天之所以與我者爾天之與我德性是也是為仁義禮智之根株是為形質血氣之主宰舍此而他求所學何學哉假令行如司馬文正公才如諸葛忠武侯亦不免為習不著行不察亦不過為資器

北溪　名淳字安卿朱子門人
雙峰　名魯字仲元

之超於人而謂有得於聖學則未也況止於訓詁之精講說之密如北溪之陳雙峰之饒則與彼記誦詞章之俗學相去何能以寸哉聖學大明於宋代而踵其後者如此可嘆已澄也鑽研於文義毫分縷析每以陳為未精饒為未密也墮此科臼中垂四十年而始覺其非自今以往一日之內子而亥一月之內朔而晦一歲之內春而冬常見吾德性之昭

訂頑　横渠西銘始名訂頑

昭如天之運轉如日月之往來不使有須臾之間斷則於尊之之道殆庶幾乎於此有未能則問於人學於己而必欲其至若其用力之方非言之可喩亦味於中庸首章訂頑終篇而自悟可也

朱子晩年定論我

陽明先生在留都時所採集者也揭陽薛君尚謙舊錄一本同志見之至有不及抄

爲祖之而大者衆皆憚於翻錄乃謀而壽
諸梓謂予以嚮嘗志一言惟朱子一生勤
苦以惠來學凡一言一字皆所當尊守而獨
表章是尊崇乎此者蓋以爲朱子之定見
也今學者不求諸此而猶踵其所悔是蹈
舛也豈善學朱子者哉麟無似從事於朱
子之訓餘三十年非不專且篤而竟亦未
有居安資深之地則猶以爲知之未詳而

是字恐衍

居安　孟子離婁下曰君子深造之以道欲其自得之也自得之則居之安居之安則資之深資之深則取之左右逢其原故君子欲其自得之也

戊寅　案年譜正德十三年先生四十七歲

寶之未博也戊寅夏持所著論若干卷來見先生聞其言如日中天睹之即見如五穀之藝地種之即生不假外求而眞切簡易恍然有悟退求其故而不合則又不免遲疑於其間及讀是編始釋然盡投其所業假館而受學蓋三月而若將有聞焉然後知嚮之所學乃朱子中年未定之論是故三十年而無獲今賴天之靈始克從事

於其所謂定見者故能三月而若將有聞也非吾先生幾乎已矣敢以告夫同志使無若麟之晚而後悔也若夫直求本原於言語之外眞有以驗其必然而無疑者則存乎其人之自力是編特爲之指迷耳

正德戊寅六月望門人雩都袁慶麟謹識

傳習錄卷下終

傳習附錄

大學古本序

大學之要誠意而已矣誠意之功格物而已矣誠意之極止至善而已矣止至善之則致知而已矣正心復其體也修身著其用也以言乎己謂之明德以言乎人謂之親民以言乎天地之間則備矣是故至善也者心之本體也動而後有不善而本體之知未嘗不知也意者其動也物者其事也致其本體之知而動無不善然非即其事而格之則亦無以致其知故致知者誠意之本也格物者致知之實也物格則知致意誠而有以復其本體是之謂止至善聖人懼人之求之於外也而反覆其辭舊

本折而聖人之意亡矣是故不務於誠意而徒以格物者謂之支不事於格物而徒以誠意者謂之虛不本於致知而徒以格物誠意者謂之妄支與虛與妄其於至善也遠矣合之以敬而益綴補之以傳而益離吾懼學之日遠於至善也去分章而復舊本傍為之釋以引其義庶幾復見聖人之心而求之者有其要噫乃若致知則存乎心悟致知焉盡矣

大學問

吾師接初見之士必借學庸首章以指示聖學之全功使
知從入之路師征思田將發先授大學問德洪受而錄之

大學者昔儒以爲大人之學矣敢問大人之學何以在於明明德乎陽明子曰大人者以天地萬物爲一體者也其視天下猶一家中國猶一人焉若夫間形骸而分爾我者小人矣大人之能以天地萬物爲一體也非意之也其心之仁本若是其與天地萬物而爲一也豈惟大人雖小人之心亦莫不然彼顧自小之耳是故見孺子之入井而必有怵惕惻隱之心焉是其仁之與孺子而爲一體也孺子猶同類者也見鳥獸之哀鳴觳觫而

必有不忍之心焉是其仁之與鳥獸而爲一體也鳥獸猶有知
覺者也見草木之摧折而必有憫恤之心焉是其仁之與草木
而爲一體也草木猶有生意者也見瓦石之毀壞而必有顧惜
之心焉是其仁之與瓦石而爲一體也是其一體之仁也雖小
人之心亦必有之是乃根於天命之性而自然靈昭不昧者也
是故謂之明德小人之心既已分隔隘陋矣而其一體之仁猶
能不昧若此者是其未動於欲而未蔽於私之時也及其動於
欲蔽於私而利害相攻忿怒相激則將戕物圮類無所不爲其
甚至有骨肉相殘者而一體之仁亡矣是故苟無私欲之蔽則
雖小人之心而其一體之仁猶大人也一有私欲之蔽則雖大

人之心而其分隔隘陋猶小人矣故夫爲大人之學者亦惟去
其私欲之蔽以自明其明德復其天地萬物一體之本然而已
耳非能於本體之外而有所增益之也曰然則何以在親民乎
曰明明德者立其天地萬物一體之體也親民者達其天地萬
物一體之用也故明明德必在於親民而親民乃所以明其明
德也是故親吾之父以及人之父以及天下人之父而後吾之
仁實與吾之父人之父與天下人之父而爲一體矣實與之爲
一體而後孝之明德始明矣親吾之兄以及人之兄以及天下
人之兄而後吾之仁實與吾之兄人之兄與天下人之兄而爲
一體矣實與之爲一體而後弟之明德始明矣君臣也夫婦也

朋友也以至於山川鬼神鳥獸草木也莫不實有以親之以達
吾一體之仁然後吾之明德始無不明而真能以天地萬物爲
一體矣夫是之謂明明德於天下是之謂家齊國治而天下平
是之謂盡性曰然則又烏在其爲止至善乎曰至善者明德親
民之極則也天命之性粹然至善其靈昭不昧者此其至善之
發見是乃明德之本體而即所謂良知者也至善之發見是而
是焉非而非焉輕重厚薄隨感隨應變動不居而亦莫不自有
天然之中是乃民彝物則之極而不容少有議擬增損於其間
也少有擬議增損於其間則是私意小智而非至善之謂矣自
非慎獨之至惟精惟一者其孰能與於此乎後之人惟其不知

至善之在吾心而用其私智以揣摸測度於其外以爲事事物
物各有定理也是以昧其是非之則支離決裂人欲肆而天理
亡明德親民之學遂大亂於天下葢昔之人固有欲明其明德
者矣然惟不知止於至善而騖其私心於過高是以失之虛罔
空寂而無有乎家國天下之施則二氏之流是矣固有欲親其
民者矣然惟不知止於至善而溺其私心於卑瑣是以失之權
謀智術而無有乎仁愛惻怛之誠則五伯功利之徒是矣是皆
不知止於至善之過也故止至善之於明德親民也猶之規矩
之於方圓也尺度之於長短也權衡之於輕重也故方圓而不
止於規矩爽其則矣長短而不止於尺度乖其劑矣輕重而不

止於權衡失其準矣明明德親民而不止於至善亡其本矣故止於至善以親民而明其明德是之謂大人之學

曰知止而后有定定而后能靜靜而后能安安而后能慮慮而后能得其説何也曰人惟不知至善之在吾心而求之於其外以爲事事物物皆有定理也而求至善於事事物物之中是以支離決裂錯雜紛紜而莫知有一定之向今焉既知至善之在吾心而不假於外求則志有定向而無支離決裂錯雜紛紜之患矣無支離決裂錯雜紛紜之患則心不妄動而能靜矣心不妄動而能靜則其日用之間從容閒暇而能安矣能安則凡一念之發一事之感其爲至善乎其非至善乎吾心之良知自有

以詳審精察之而能慮矣能慮則擇之無不精處之無不當而
至善於是乎可得矣

曰物有本末先儒以明德爲本新民爲末兩物而內外相對也
事有終始先儒以知止爲始能得爲終一事而首尾相因也如
子之説以新民爲親民則本末之説亦有所未然歟曰終始之
説大畧是矣即以新民爲親民而曰明德爲本親民爲末其説
亦未爲不可但不當分本末爲兩物耳夫木之幹謂之本木之
梢謂之末惟其一物也是以謂之本末若曰兩物則既爲兩物
矣又何可以言本末乎新民之意既與親民不同則明德之功
自與新民爲二若知明明德以親其民而親民以明其明德則

明德親民爲可析而爲兩乎先儒之說是蓋不知明德親民之本爲一事而認以爲兩事是以雖知本末之當爲一物而亦不得不分爲兩物也曰古之欲明明德於天下者以至於先修其身以吾子明德親民之說通之亦既可得而知矣敢問欲修其身以至於致知在格物其工夫次第又何如其用力歟曰此正詳言明德親民止至善之功也蓋身心意知物者是其工夫所用之條理雖亦各有其所而其實只是一物格致誠正修者是其條理所用之工夫雖亦皆有其名而其實只是一事何謂身心之形體運用之謂也何謂心身之靈明主宰之謂也何謂修身爲善而去惡之謂也吾身自能爲善而去惡乎必其靈明主

宰者欲爲善而去惡然後其形體運用者始能爲善而去惡也
故欲修其身者必在於先正其心也然心之本體則性也性無
不善則心之本體本無不正也何從而用其正之之功乎蓋心
之本體本無不正自其意念發動而後有不正故欲正其心者
必就其意念之所發而正之凡其發一念而善也好之眞如好
好色發一念而惡也惡之眞如惡惡臭則意無不誠而心可正
矣然意之所發有善有惡不有以明其善惡之分亦將眞妄錯
雜雖欲誠之不可得而誠矣故欲誠其意者必在於致知焉致
者至也如云喪致乎哀之致易言知至至之知至者知也至之
者致也致知云者非若後儒所謂充廣其知識之謂也致吾心

之良知焉耳良知者孟子所謂是非之心人皆有之者也是非
之心不待慮而知不待學而能是故謂之良知是乃天命之性
吾心之本體自然靈昭明覺者也凡意念之發吾心之良知無
有不自知者其善歟惟吾心之良知自知之其不善歟亦惟吾
心之良知自知之是皆無所與於他人者也故雖小人之爲不
善既已無所不至然其見君子則必厭然揜其不善而著其善
者是亦可以見其良知之有不容於自昧者也今欲別善惡以
誠其意惟在致其良知之所知焉爾何則意念之發吾心之良
知既知其爲善矣使其不能誠有以好之而復背而去之則是
以善爲惡而自昧其知善之良知矣意念之所發吾之良知既

知其爲不善矣使其不能誠有以惡之而復蹈而爲之則是以
惡爲善而自昧其知惡之良知矣若是則雖曰知之猶不知也
意其可得而誠乎今於良知所知之善惡者無不誠好而誠惡
之則不自欺其良知而意可誠也已然欲致其良知亦豈影響
恍惚而懸空無實之謂乎是必實有其事矣故致知必在於格
物物者事也凡意之所發必有其事意所在之事謂之物格者
正也正其不正以歸於正之謂也正其不正者去惡之謂也歸
於正者爲善之謂也夫是之謂格書言格于上下格于文祖格
其非心格物之格實兼其義也良知所知之善雖誠欲好之矣
苟不即其意之所在之物而實有以爲之則是物有未格而好

之之意猶爲未誠也良知所知之惡雖誠欲惡之矣苟不卽其意之所在之物而實有以去之則是物有未格而惡之之意猶爲未誠也今焉於其良知所知之善者卽其意之所在之物而實爲之無有乎不盡於其良知所知之惡者卽其意之所在之物而實去之無有乎不盡然後物無不格而吾良知之所知者無有虧缺障蔽而得以極其至矣夫然後吾心快然無復餘憾而自謙矣夫然後意之所發者始無自欺而可以謂之誠矣故曰物格而后知至知至而后意誠意誠而后心正心正而后身修蓋其功夫條理雖有先後次序之可言而其體之惟一實無先後次序之可分其條理功夫雖無先後次序之可分而其用

之惟精因有纖毫不可得而缺焉者此格致誠正之說所以闡堯舜之正傳而爲孔氏之心印也

德洪曰大學問者師門之教典也學者初及門必先以此意授使人聞言之下即得此心之知無出於民彝物則之中致知之功不外乎修齊治平之內學者果能實地用功一番聽受一番親切師常曰吾此意思有能直下承當只此修爲直造聖域參之經典無不脗合不必求之多聞多識之中也門人有請錄成書者曰此須諸君口口相傳若筆之於書使人作一文字看過無益矣嘉靖丁亥八月師起征思田將發門人復請師許之錄既就以書貽洪曰大學或問數條非不願共學之士盡聞斯義顧恐藉寇兵而賫盜糧是以未欲輕出蓋當時尚有持異說以混正學者師故云然師既沒音容日遠吾黨各以己見立說學者稍見本體即好爲徑超頓悟之說無復有省身克己之功謂一見本體超聖可以跂足視師門誠意格物爲善去惡之旨皆相鄙以爲第二義簡略事爲言行無顧甚者蕩滅禮教猶自以爲得聖門之最上乘噫亦已過矣自便徑約而不知已淪入佛氏寂滅之教莫之覺也古人立言不過爲學者示下學之功而上達之機待人自悟

而有得言語知解非所及也大學之教自孟氏而後不得其傳者幾千年矣賴良知之明千載一日復大明於今日茲未及一傳而紛錯若此又何望於後世耶是篇鄒子謙之嘗附刻於大學古本茲收錄續編之首使學者開卷讀之思吾師之教平易切實而聖智神化之機固已躍然不必更爲別說匪徒惑人祇以自誤無益也

示徐曰仁應試　丁卯

君子窮達一聽於天但既業舉子便須入場亦人事宜爾若期在必得以自窘辱則大惑矣入場之日切勿以得失橫在胸中令人氣餒志分非徒無益而又害之場中作文先須大開心目見得題意大槩了了卽放膽下筆縱昧出處詞氣亦條暢今人入場有志氣局促不舒展者是得失之念爲之病也夫心無二用一念在得一念在失一念在文字是三用矣所事寧有成耶

只此便是執事不敬便是人事有未盡處雖或幸成君子有所
不貴也將進場十日前便須練習調養蓋尋常不曾起早得慣
忽然當之其日必精神恍惚作文豈有佳思須每日雞初鳴即
起盥櫛整衣端坐抖擻精神勿使昏惰日日習之臨期不自覺
辛苦矣今之調養者多是厚食濃味劇酣諠浪或竟日偃臥如
此是撓氣昏神長傲而召疾也豈攝養精神之謂哉務須節飲
食薄滋味則氣自清寡思慮屏嗜欲則精自明定心氣少眠睡
則神自澄君子未有不如此而能致力於學問者茲特以科場
一事而言之耳每日或倦甚思休少偃即起勿使昏睡既晩即
睡勿使久坐進場前兩日即不得翻閱書史雜亂心目每日止

可看文字一篇以自娛若心勞氣耗莫如勿看務在怡神適趣
忽充然滾滾若有所得勿使氣輕意滿益加含蓄醞釀若江河
之浸泓衍泛濫驟然決之一瀉千里矣每日閒坐時衆方囂然
我獨淵默中心融融自有眞樂益出乎塵垢之外而與造物者
游非吾子槩嘗聞之宜未足以與此也

諭俗四條　丁丑

爲善之人非獨其宗族親戚愛之朋友鄉黨敬之雖鬼神亦陰
相之爲惡之人非獨其宗族親戚惡之朋友鄉黨怨之雖鬼神
亦陰殛之故積善之家必有餘慶積不善之家必有餘殃
見人之爲善我必愛之我能爲善人豈有不愛我者乎見人之

爲不善我必惡之我苟爲不善人豈有不惡我者乎故凶人之
爲不善至於隕身亾家而不悟者由其不能自反也
今人不忍一言之忿或爭銖兩之利遂相構訟夫我欲求勝於
彼則彼亦欲求勝於我讐讐相報遂至破家蕩產禍貽子孫豈
若含忍退讓使鄉里稱爲善人長者子孫亦蒙其庇乎
今人爲子孫計或至謀人之業奪人之產日夜營營無所不至
昔人謂爲子孫作馬牛然身沒未寒而業已屬之他人讐家羣
起而報復子孫反受其殃是殆爲子孫作蛇蝎也吁可戒哉

客坐私祝　丁亥

但願溫恭直諒之友來此講學論道示以孝友謙和之行德業

相勸過失相規以教訓我子弟使毋陷於非僻不顧狂憬惰慢之徒來此博奕飲酒長傲飾非導以驕奢淫蕩之事誘以貪財黷貨之謀冥頑無恥扇惑鼓動以益我子弟之不肖嗚呼由前之說是謂良士由後之說是謂凶人我子弟苟遠良士而近凶人是謂逆子戒之戒之嘉靖丁亥八月將有兩廣之行書此以戒我子弟并以告夫士友之辱臨於斯者請一覽教之

王文成公年譜節畧

先生諱守仁字伯安姓王氏其先出晉光祿大夫覽之裔本瑯琊人至曾孫右軍將軍羲之徙居山陰又二十三世廸功郎壽自達溪徙餘姚今遂爲餘姚人壽五世孫綱善鑑人有文武才國初誠意伯劉伯温薦爲兵部郎中擢廣東參議死苗難子彥達綴羊革裹尸歸是爲先生五世祖御史郭純上其事於朝廟祀增城彥達號秘湖漁隱生高祖諱與準精禮易嘗著易微數千言永樂間朝廷舉遺逸不起號遁石翁曾祖諱世傑人呼爲槐里子以明經貢太學卒祖諱天敘號竹軒魏嘗齋瀚嘗立傳敘其環堵蕭然雅歌豪唫胸次洒落方

之陶靖節林和靖所著有竹軒稿江湖雜稿行於世封翰林院修撰自槐里子以下兩世皆贈嘉議大夫禮部右侍郎追贈新建伯父諱華字德輝別號實菴晩稱海日翁嘗讀書龍泉山中又稱爲龍山公成化辛丑賜進士及第第一人仕至南京吏部尚書進封新建伯龍山公常思山陰山水佳麗又爲先世故居復自姚徙越城之光相坊居之先生嘗築室陽明洞洞距越城東南二十里學者咸稱陽明先生云

憲宗成化八年壬辰九月三十日丁亥先生生于瑞雲樓

十有二年丙申先生五歳未言先是名雲及改今名卽能言○一日誦竹軒公所嘗讀過書訝問之曰聞祖讀時已默記矣

十有七年辛丑先生十歲皆在越

十有八年壬寅先生十一歲寓京師○有過金山寺及蔽月山房詩明年就塾師先生豪邁不羈龍山公常懷憂惟竹軒公知之嘗問塾師曰何爲第一等事塾師曰惟讀書登第耳先生疑曰登第恐未爲第一等事或讀書學聖賢耳龍山公聞之笑曰汝欲做聖賢耶

二十年甲辰先生十三歲母太夫人鄭氏卒居喪哭泣甚哀

二十有二年丙午先生十五歲慨然有經略四方之志一日夢謁伏波將軍廟賦詩時畿內盜起又聞秦中石劉作亂屢欲爲書獻於朝龍山公斥之爲狂乃止

孝宗弘治元年戊申先生十七歲在越○七月親迎夫人諸氏於洪都合巹之日偶閒行入鐵柱宮遇道士因聞養生之說遂相與對坐忘歸諸公遣人追之次早始還○官署中蓄紙數篋先生日取學書比歸數篋皆空書法大進先生嘗示學者曰吾始學書對模古帖止得字形後舉筆不輕落紙凝思靜慮擬形於心久之始通其法既後讀明道先生書曰吾作字甚敬非是要字好只此是學既非要字好又何學也乃知古人隨時隨事只在心上學此心精明字好亦在其中矣後與學者論格物多舉此爲證

二年己酉先生十八歲寓江西○是年先生始慕聖學先生接

入故和易善謔一日悔之遂端坐省言人未信先生正色曰
吾昔放逸今知過矣
五年壬子先生二十一歲在越○舉浙江鄉試是年爲宋儒格
物之學明年春會試下第同舍有以不第爲恥者先生慰之
曰世以不得第爲恥吾以不得第動心爲恥識者服之
十年丁巳先生二十六歲寓京師○是年先生學兵法當時邊
報甚急於是留情武事凡兵家秘書莫不精究每遇賓宴嘗
聚果核列陣勢爲戲
十有一年戊午先生二十七歲○是年先生談養生
十有二年己未先生二十八歲舉進士出身○時有星變朝廷

下詔求言上邊務八事言極剴切　出外集

十有三年庚申先生二十九歲授刑部雲南清吏司主事

十有四年辛酉先生三十歲奉命審錄江北○先生錄囚多所平反事竣遊九華作遊九華賦　出文錄

十有五年壬戌先生三十一歲疏請告○是年先生漸悟仙釋二氏之非先是五月告病歸越築室陽明洞中行導引術久之遂能先知後悟曰此簸弄精神非道也屏去之已而靜久思離世遠去惟祖母岑與龍山公在念因循未決久之又忽悟曰此念生於孩提此念可去是斷滅種性矣明年遂移疾錢塘西湖復思用世

十有七年甲子先生三十三歲秋主考山東鄉試○巡按山東
監察御史陸偁聘主鄉試試錄皆出先生手筆錄出人占先
生經世之學出續集○九月改兵部武選清吏司主事
十有八年乙丑先生三十四歲門人始進○學者溺於詞章記
誦不復知有身心之學先生首倡言之使人先立必為聖人
之志聞者漸覺興起有願執贄及門者至是專志授徒講學
然師友之道久廢咸目以為立異好名惟甘泉湛先生若水
時為翰林庶吉士一見定交共以倡明聖學為事
武宗正德元年丙寅先生三十五歲二月上封事下詔獄謫龍
場驛丞○是時武宗初政奄瑾竊柄南京科道戴銑薄彥徽

徽等以諫忤旨逮繫詔獄先生首抗疏救之疏入亦下詔獄已而廷杖四十既絶復甦尋謫貴州龍場驛驛丞

二年丁卯先生三十六歳在越○夏赴謫至錢塘○先生至錢塘瑾遣人隨偵先生度不免乃託言投江以脱之因附商船遊舟山偶遇颶風大作一日夜至閩界比登岸奔山徑數十里夜扣一寺求宿僧故不納趨野廟倚香案臥蓋虎穴也夜半虎遶廊大吼不敢入黎明僧意必斃于虎將收其嚢見先生方熟睡呼始醒驚曰公非常人也不然得無恙乎已而取間道由武夷而歸時龍山公官南京吏部尚書從鄱陽往省

十二月返錢塘赴龍場驛○是時先生與學者講授雖隨地

興起未有出身承當以聖學爲己任者徐愛先生妹婿也因
先生將赴龍場納贄北面奮然有志于學愛與蔡宗兗朱節
同舉鄉貢先生作別三子序以贈之 出文錄
三年戊辰先生三十七歲在貴陽○春至龍場先生始悟格物
致知龍場在貴州西北萬山叢棘中蛇虺魍魎蠱毒瘴癘與
居夷人鴃舌難語可通語者皆中土亡命舊無居始教之範
土架木以居時瑾憾未已自計得失榮辱皆能超脫惟生死
一念尚覺未化乃爲石墎自誓曰吾惟俟命而已日夜端居
澄默以求靜一久之胸中灑灑而從者皆病自取薪取水作
糜飼之又恐其懷抑鬱則與歌詩又不悅復調越曲雜以詼

笑始能忘其為疾病夷狄患難也因念聖人處此更有何道
忽中夜大悟格物致知之旨寤寐中若有人語之者不覺呼
躍從者皆驚始知聖人之道吾性自足向之求理於事物者
誤也乃以默記五經之言證之莫不吻合因著五經臆說居
久夷人亦日來親狎以所居湫濕乃伐木構龍岡書院及寅
賓堂何陋軒君子亭玩易窩以居之思州守遣人至驛侮先
生諸夷不平共毆辱之守大怒言諸當道毛憲副科令先生
請謝且諭以禍福先生致書復之守慚服水西安宣慰聞先
生之名使人饋米肉以給使令既又重以金帛鞍馬俱辭不受
已而宋氏之酋長有阿賈阿札者叛宋氏為地方患先生復以

書詆諷之安悚然率所部平其難民賴以寧
四年己巳先生三十八歲○提學副使席書聘主貴陽書院是年先生始論知行合一始席元山書提督學政問朱陸同異之辨先生不語朱陸之學而告之以其所悟書懷疑而去明日復來舉知行本體證之五經諸子漸有省往復數四豁然大悟遂與毛憲副修葺書院身率貴陽諸生以所事師禮事之
五年庚午先生三十九歲在吉○陞廬陵縣知縣先生三月至廬陵爲政不事威刑惟以開導人心爲本民胥悔勝氣囂訟至有涕泣而歸者由是囹圄日清城中失火身禱返風以血

禳火而火卽滅因使城中闢火巷定水次兌運絕鎮守橫征
杜神會之借辦立保甲以弭盜清驛遞以延賓旅至今數十
年猶踵行之先是先生赴龍場時隨地講授及歸過常德辰
州見門人冀元亨蔣信劉觀時輩俱能卓立○冬十有一月
入覲館大興隆寺時黃綰爲後軍都督府都事因儲柴墟巏請見○十有二月陞南京刑部
四川清吏司主事
六年辛未先生四十歲在京師○正月調吏部驗封清吏司主
事論晦菴象山之學與王輿菴徐成之○二月爲會試同考試官
○十月陞文選清吏司員外郎
七年壬申先生四十一歲○三月陞考功清吏司郎中○十二

月陞南京太僕寺少卿便道歸省與徐愛論學今之傳習錄
所載首卷是也
八年癸酉先生四十二歲在越◎二月至越先生初計至家即
與徐愛同遊台蕩宗族親友絆弗能行五月終與愛數友期
候黃綰不至乃從上虞入四明觀白水尋龍谿之源登杖錫
至雪竇上千丈巖以望天姥華頂欲遂從奉化取道赤城適
久旱山田盡龜坼慘然不樂遂自寧波還餘姚先生茲遊雖
爲山水實注念愛綰二子益先生點化同志多得之登遊山
水間也◎冬十月至滁州滁山水佳勝先生督馬政地僻官
閒日與門人遊遨瑯琊瀼泉間月夕則環龍潭而坐者數百

入歌聲振山谷諸生隨地請正踴躍歌舞舊學之士皆日來
臻於是從遊之衆自滁始
九年甲戌先生四十三歲在滁○四月陞南京鴻臚寺卿滁陽
諸友送至烏衣不能別留居江浦候先生渡江先生以詩促
之歸○五月至南京自徐愛來南都同志日親朝夕漬礪不
懈先生曰吾年來欲懲末俗之卑汚引接學者多就高明一
路以救時弊今見學者漸有流入空虚爲脱落新奇之論吾
已悔之矣故南畿論學只教學者存天理去人欲爲省察克
治實功
十年乙亥先生四十四歲在南京○正月疏自陳不允○立再

從子正憲爲後正憲字仲肅季叔易直先生袞之孫守信之
第五子也先生與諸弟守儉守文守章俱未舉子故龍山公
爲先生擇立之時年八齡○八月擬諫迎佛疏欲上後中止
見別錄○疏請告是年祖母岑太夫人年九十有六先生思
乞恩歸一見爲決疏凡再上
十有一年丙子先生四十五歲○九月陞都察院左僉都御史
巡撫南贛汀漳等處是時汀漳各郡皆有巨寇尚書王瓊特
舉先生○十月歸省至越王思輿語季本曰陽明此行必立
事功本曰何以知之曰吾觸之不動矣
十有二年丁丑先生四十六歲○正月至贛先生過萬安遇流

賊數百沿途肆切商舟不敢進先生乃聯商舟結爲陣勢揭旗鳴鼓如趨戰狀賊乃羅拜于岸呼曰饑荒流民乞求賑濟先生泊岸令人諭之曰至贛後即差官撫插各安生理毋作非爲自取勦滅賊懼散歸以是月十六日開府初至置一匣行臺前曰求通民情願聞己過○行十家牌法先是贛民爲洞賊耳目官府舉動未形而賊已先聞軍門一老隷奸尤甚先生偵知之呼入臥室使之自擇生死隷乃輸情吐實先生許其不死試所言悉驗乃於城中立十家牌法其法編十家爲一牌開列各戶籍貫姓名年貌行業日輪一家沿門按牌審察遇面生可疑人即行報官究理或有隱慝十家連坐仍

告諭父老子弟務興禮讓之風以成敦厚之俗○選民兵○二月平漳寇初先生道聞漳寇方熾兼程至贛即移文三省兵備剋期起兵自正月十六日蒞任纔旬日即議進兵福建兵攻破長富村等巢三十餘所廣東兵攻破水竹大重坑等巢一十三所斬首從賊詹師富溫火燒等七千有奇俘獲賊屬輜重無算而諸洞蕩滅是役僅三月漳南數十年逋寇悉平○四月班師時三月不雨至于四月先生方駐軍上杭禱于行臺得雨以爲不足及班師一雨三日民大悅有司請名行臺之堂曰時雨堂取王師若時雨之義也先生乃爲記見文錄○五月立兵符其數有伍有隊有哨有營有陣有軍其

分有小甲有總甲有哨長協哨有營官參謀有偏將有副將
其牌有伍符有隊符有哨符有營符○奏設平和縣移枋頭
巡檢司先生以賊據險久爲民患今幸破滅須爲拊背扼吭
之策乃奏請設平和縣治于河頭移河頭巡檢司于枋頭蓋
以河頭爲諸巢之咽喉而枋頭又河頭之唇齒也○六月疏
請疏通鹽法○九月改授提督南贛汀漳等處軍務給旗牌
得便宜行事○撫諭賊巢是時漳寇雖平而樂昌龍川諸賊
巢尚多嘯聚將用兵勦之先犒以牛酒銀布復爲文以諭之
其文藹然哀憐無辜之情可以想見虞廷干羽之化矣故當
時酋長若黃金巢盧珂等卽率衆來投矣願效死以報○疏

謝陞賞○疏處南贛商稅○十月平橫水桶岡諸寇○十二
月班師師至南康百姓沿途頂香迎拜所經州縣隘所各立
生祠遠鄉之民各肖像于祖堂歲時尸祝○閏十二月奏設
崇義縣治及茶寮隘上堡鉛廠長龍三巡檢司
十有三年戊寅先生四十七歲在贛○正月征三浰與薛侃書
日即日已抵龍南明日入巢四路皆如期並進賊有必破之
勢矣向在橫水嘗寄書仕德云破山中賊易破心中賊難區
區翦除鼠竊何足為異若諸賢掃蕩心腹之寇以收廓清平
定之功此誠大丈夫不世之偉績數日來諒已得必勝之策
奏捷有期矣何喜如之梁日孚楊仕德誠可與共學廨中事

累尚謙小兒正憲猶望時賜督責時延尚謙爲正憲師兼倚以衙中政事故云○二月奏移小溪驛○三月疏乞致仕不允以病也○襲平大帽浰頭諸寇殺賊首池仲容等破巢三十有八撫其降酋張仲全等二百餘人視地里險易立縣置隘留兵防守而歸○四月班師立社學先生謂民風不善由於教化未明今幸盜賊稍平民困漸息一應移風易俗之事雖未能盡舉姑且就其淺近易行者開導訓誨即行告諭發南贛所屬各縣父老子弟互相戒勉興立社學延師教子歌詩習禮出入街衢官長至俱叉手拱立先生或贊賞訓誘之久之市民亦知冠服朝夕歌聲達於委巷雍雍然漸成禮讓

之俗矣○五月奏設和平縣○六月陞都察院右副都御史廕子錦衣衛世襲百戶辭免不允○七月刻古本大學先生出入賊壘未暇寧居門人薛侃歐陽德等二十餘人皆講聚不散至是回軍休士始得專意于朋友日與發明大學本旨指示入道之方○刻朱子晚年定論○八月門人薛侃刻傳習錄侃得徐愛所遺傳習錄一卷序二篇與陸澄各錄一卷刻于虔是年愛卒先生哭之慟愛及門獨先聞道亦早自南京兵部郎中告病歸與陸澄謀耕霅上之田以俟師年纔三十一先生每語輒傷之○九月修濂溪書院四方學者輻輳始寓射圃至不能容乃修濂溪書院居之先生大征既上捷

一日設酒食勞諸生且曰以此相報諸生瞿然問故先生曰始吾登堂每有賞罰不敢肆常恐有愧諸君比與諸君相對久之尚覺前此賞罰猶未也於是思求其過以改之直至登堂行事與諸君相對時無少增損方始心安此即諸君之助固不必事事煩口齒爲也諸生聞言愈省各畏○十月舉鄉約先生自大征後以爲民雖格面未知格心乃舉鄉約告諭父老子弟使相警戒○十有一月再請疏通鹽法

十有四年己卯先生四十八歲在江西○正月疏謝陞廕隨乞致仕並不允以祖母疾亟故也○六月奉勅勘處福建叛軍十五日丙子至豐城聞宸濠反遂返吉安起義兵十九日疏

上變○先生在吉安守益趨見曰聞濠誘葉芳兵來攻吉安
先生曰芳必不叛諸賊舊以茅爲屋叛則焚之我過其巢許
其伐鉅木創屋萬餘今其黨各千餘不肯焚矣益曰彼從濠
望封拜可以尋常計乎先生默然良久曰天下盡反我輩固
當如此做益惕然一時胸中利害如洗先生遂引兵而西留
其家吉安之公署聚薪環之戒守者曰兵敗即火之毋爲賊
辱守益慮濠遣逮其父密遣急避他所○壬午再生變叛黨
方盛恐中途有阻故再上○疏乞便道省葬不允○疏上僞
檄六月二十二日參政季斆同南昌府學教授趙承芳旗校
十一人齎僞檄榜諭吉安府至墨潭領哨官縛送軍門先生

郎固封以進○甲辰義兵發吉安丙午大會于樟樹己酉誓
師庚戌次市汊辛亥拔南昌遂促兵追濠甲寅始接戰乙卯
戰于黃家渡丙辰戰于八字腦丁巳獲濠樵舍江西平○先
生入城日坐都察院開中門令可見前後對士友論學不輟
諜者走報前軍失利坐中皆有怖色先生出見諜者退而就
坐復接緒言神色自若頃之諜者走報賊兵大潰坐中皆有
喜色先生出見諜者退而就坐復接緒言神色亦自若○八
月疏諫親征是時兵部會議命將討賊武宗詔曰不必命將
朕當親率六師奉天征討於是假威武大將軍鎮國公行事
命太監張永張忠安邊伯許泰都督劉暉率京邊官軍萬餘

給事祝續御史張綸隨軍紀功雖捷音久上不發皆云元惡
雖擒逆黨未盡不捕必遺後患先生具疏諫止○是月疏免
江西稅○再乞便道省葬不允○九月壬寅獻俘錢塘以病
留○奉勅兼巡撫江西○十一月返江西
十有五年庚辰先生四十九歲○正月赴召次蕪湖尋得旨返
江西先生赴召至上新河爲諸幸讒阻不得見中夜默坐見
水波拍岸汩汩有聲思曰以一身蒙謗死即死耳如老親何
謂門人曰此時若有一孔可以竊父而逃吾亦終身長往不
悔矣○以晦日重過開先寺留石刻讀書臺後○二月如九
江是月還南昌○三月請寬租○三疏省葬不允○是年四

月江西大水漂溺公私廬舍田野崩陷先生上疏自劾四罪按是時武宗猶覊南畿進諫無由姑敘地方災異以自劾冀君心開悟而加意黎元也○六月如贛行至泰和少宰羅欽順以書問學先生答書傳習錄第二卷載之○是月至贛先生至贛大閱士卒教戰法江彬遣人來覘動靜相知者俱請回省無蹈危疑先生不從作啾啾吟解之且曰吾在此與童子歌詩習禮有何可疑門人陳九川等亦以爲言先生曰公等何不講學吾昔在省城處權豎禍在目前吾亦帖然縱有大變亦避不得吾所以不輕動者亦有深慮焉耳○七月重上江西捷音○八月咨部院雪冀元亨冤狀先是宸濠擒結

名士助已凡仕江右者多匿禮際武陵龔元亨爲公子正憲
師忠信可託故遣往謝與濠論學濠大笑曰人癡乃至此耶
立與絶比返贛述故先生曰禍在玆矣乃銜之間道歸及是
張許等索賄不得遂逮元亨備受考掠無片語阿順於是科
道交疏論辯先生備咨部院白其冤世宗登極詔將釋而已
得疾後五日卒於獄同門陸澄應典輩備棺殮訃聞先生爲
位慟哭之移文恤其家○初廬陵劉養正與先生素厚善會
母死往請墓誌實濠使瑺相邀結不合而返其後養正既死
先生過吉安令有司葬其母復爲文以奠辭曰嗟嗟劉生子
吉母死不葬爰及干戈一念之差遂至于此嗚呼哀哉今吾

葬子之母聊以慰子之寃蓋君臣之義雖不得私於子之身而朋友之情猶得以盡於子之母也嗚呼哀哉○閏八月四疏省葬不允初先生在贛聞祖母岑太夫人訃及海日翁病欲上疏乞歸至是凡四請嘗聞海日翁病危欲棄職逃歸後報平復乃止○九月還南昌

十有六年辛巳先生五十歲在江西○正月居南昌是年先生始揭致良知之教先生聞前月十日武宗駕入宮始舒憂念自經宸濠忠泰之變益信良知眞足以忘患難出生死所謂考三王建天地質鬼神俟後聖無弗同者一日先生喟然發嘆九川問曰先生何嘆也曰此理簡易明白若此乃一經沉

埋數百年九川曰亦爲宋儒從知解上入認識神爲性體故
聞見日益障道日深耳今先生拈出良知二字此古今人人
眞面目更復奚疑先生曰然譬之人有冒別姓墳墓爲祖墓
者何以爲辨只得開壙將子孫滴血眞僞無可逃矣我此良
知二字實千古聖聖相傳一點滴骨血也又曰某於此良知
之說從百死千難中得來不得已與人一口說盡只恐學者
得之容易把作一種光景玩弄不實落用功負此知耳先生
自南都以來凡示學者皆令存天理去人欲以爲本有問所
謂則令自求之未嘗指天理爲何如也間語友人曰近欲發
揮此只覺有一言發不出津津然如含諸口莫能相度久乃

日近覺得此學更無有他只是這些子了此更無餘矣旁有健羨不已者則又曰連這些子亦無放處今經變後始有良知之說○錄陸象山子孫先生以象山得孔孟正傳其學術久抑而未彰文廟尚缺配享之典子孫未沾褒崇之澤牌行撫州府金谿縣官吏將陸氏嫡派子孫倣各處聖賢子孫事例免其差役有俊秀子弟具名提學道送學肄業○五月集門人於白鹿洞○六月赴內召尋止之陞南京兵部尚書叅贊機務遂疏乞便道省葬○八月至越○九月歸餘姚省祖塋訪瑞雲樓指藏胎衣地收淚久之蓋痛母生不及養祖母死不及殮也日與宗族親友宴遊隨地指示良知德洪昔聞

先生講學江右久思及門鄉中故老猶執先生往跡爲疑洪獨潛伺動止浚信之乃排衆議請親命率二姪大經應揚及鄭寅俞大本因王正心通贄○十有二月封新建伯制曰江西反賊剿平地方安定各該官員功績顯著爾部裏既會官集議分別等第明白王守仁封新建伯奉天翊衛推誠宣力守正文臣特進光祿大夫柱國還兼南京兵部尚書照舊參贊機務歲支祿米一千石三代并妻一體追封給與誥券子孫世世承襲正德十六年十二月十九日準兵部吏部題差行人齎白金文綺慰勞兼下溫旨存問父華於家賜以羊酒至日適海日翁誕辰親朋咸集先生捧觴爲壽翁蹙然曰寧

濠之變皆以汝爲死矣而不死皆以事難平矣而卒平譊搆

朋興禍機四發前後二年岌乎知不免矣天開日月顯忠遂

良穹官高爵濫冒封賞父子復相見於一堂茲非其幸歟然

盛者衰之始福者禍之基雖以爲幸又以爲懼也先生洗爵

而跪曰大人之敎兒所日夜切心者也聞者皆歎會遇之隆

感盈成之戒

世宗嘉靖元年壬午先生五十一歲○正月疏辭封爵○二月

龍山公卒二月十二日己丑海日翁年七十七疾且革時朝

廷推論征藩之功進封翁及竹軒槐里公俱爲新建伯是日

部咨適至翁聞使者已在門促先生及諸弟出迎曰雖倉遽

烏可以廢禮問已成禮然後瞑目而逝先生戒家人勿哭却
新冕服拖紳飭内外含襚諸具始舉哀一哭頓絶病不能勝
門人子弟紀喪因才任使以仙居金克厚謹恪使監厨克厚
出納品物惟謹有不愼者追還之内外井井室中齋食百日
後令弟姪輩稍進乾肉曰諸子豢養習久強其不能是恣其
作僞也稍寛之使之各求自盡可也越俗宴弔客必列餅糖
設文綺烹鮮割肥以競豐侈先生盡革之惟遇高年遠客素
食中間肉一二器曰齋素行于幕内若使弔客同孝子食非所
以安高年而酬賓旅也後甘泉先生來弔見肉食不喜遺書
致責先生引罪不辯是年克厚與洪同貢於鄉連舉進士謂

洪曰吾學得司厄而大益且私之以取科第先生常謂學必
操事而後實誠至教也○七月再疏辭封爵不報○時御史
程啓充給事毛玉倡議論劾以遏正學承宰輔意也陸澄時
爲刑部主事上疏爲六辯以折之先生聞而止之○是月德
洪赴省試辭先生請益先生曰胸中須常有舜禹有天下不
與氣象德洪請問先生曰舜禹有天下而身不與又何得喪
介於其中○九月葬龍山公于石泉山
二年癸未先生五十二歲○德洪下第歸深恨時事之乖見先
生先生喜而相接曰聖學從茲大明矣德洪曰時事如此何
見大明先生曰吾學惡得遍語天下士今會試録雖窮鄉深

谷無不到矣吾學既非天下必有起而求眞是者○十有一
月至蕭山見素林公自都御史致政歸道錢塘渡江來訪先
生趨迎于蕭山宿浮峰寺公相對感慨時事慰從行諸友及
時勉學無負初志

三年甲申先生五十三歲○門人日進郡守南大吉以座主稱
門生然性豪曠不拘小節先生與論學有悟乃告先生曰大
吉臨政多過先生何無一言先生曰何過大吉歷數其事先
生曰吾言之矣大吉曰何曰吾不言何以知之曰良知先生
曰良知非我常言而何大吉笑謝而去居數日復自數過加
密且曰與其過後悔改曷若預言不犯爲佳也先生曰人言

不如自悔之眞大吉笑謝而去居數日復自數過益密且曰身過可免心過奈何先生曰昔鏡未開可得藏垢今鏡明矣一塵之落自難住脚此正入聖之機也勉之於是闢稽山書院聚八邑彥士身率講習以督之於是遠方之士日至宮刹卑隘至不能容蓋環坐而聽者三百餘人○八月宴門人于天泉橋中秋月白如晝先生命侍者設席于碧霞池上門人在侍者百餘人酒半酣歌聲漸動久之或投壺聚筭或擊鼓或泛舟先生見諸生興劇退而作詩有鏗然舍瑟春風裏點也雖狂得我情之句○是時大禮議起先生夜坐碧霞池有詩蓋有感時事二詩已示其微矣四月服闋朝中屢疏引薦

霍兀厓席兀山黄宗賢黄宗明先後皆以大禮問竟不答○
十月門人南大吉續刻傳習錄
四年乙酉先生五十四歲○正月夫人諸氏卒是月作稽山書
院尊經閣記○六月禮部尚書席書薦先生服闋例應起復
御史石金等交章論薦皆不報尚書席書爲疏特薦明年有
領劵謝恩之召尋不果○九月歸姚省墓先生歸定會于龍
泉寺之中天閣每月以朔望初八廿三爲期書壁以勉諸生
○答顧東橋璘書其末繼以拔本塞源之論○十月立陽明
書院於越城門人爲之也書院在越城西郭門内光相橋之
東後十二年丁酉巡按御史門人周汝員建祠於樓前匾曰

陽明先生祠

五年丙戌先生五十五歲○四月南大吉入覲見黜於時致書先生千數百言勤勤懇懇惟以得聞道爲喜急問學爲事恐卒不得爲聖人爲憂略無一字及於得喪榮辱之間先生讀之嘆曰此非眞有朝聞夕死之志者未易以涉斯境也于是復書見文錄○答歐陽德書德初見先生於虔最年少時已領鄉薦先生恒以小秀才呼之故遣服役德欣欣恭命雖勞不怠先生深器之嘉靖癸未第進士出守六安州數月奉書以爲初政倥偬後稍次第始欲諸生講學先生曰吾所講正學正在政務倥偬中豈必聚徒而後爲講學耶○德洪與王

畿並舉南宮俱不廷對偕黃弘綱張元沖同舟歸越先生喜
凡初及門者必令引導俟志定有入方請見每臨坐默對焚
香無語○八月答聶豹書○十一月庚申子正億生繼室張
氏出○十二月劉邦采合安福同志爲會名曰惜陰請先生
書會籍先生爲之說
六年丁亥先生五十六歲○四月鄒守益刻文錄於廣德州守
益錄先生文字請刻先生自標年月命德洪類次且遺書曰
所錄以年月爲次不復分別體類蓋專以講學明道爲事不
在文辭體製間也明日德洪掇拾所遺請刻先生曰此便非
孔子刪述六經手段三代之教不明蓋因後世學者繁文盛

而實意衰故所學忘其本耳比如孔子刪詩若以其辭豈止
三百篇惟其一以明道爲志故所取止此例六經皆然若以
愛惜文辭便非孔子垂範後世之心矣德洪曰先生文字雖
一時應酬不同亦莫不本於性情況學者傳誦日久恐後爲
好事者攙拾反失今日裁定之意矣先生許刻附錄一卷以
遺守益凡四冊○五月命兼都察院左都御史征思田疏辭
不允先是廣西田州岑猛爲亂提督都御史姚鏌征之猛父
子就擒已論功行賞矣遺目盧蘇王受搆衆煽亂攻陷思恩
鏌合四省兵征之久弗克爲巡按御史石金所論朝議用侍
郎張璁桂蕚薦特起先生總督兩廣隨宜撫勦并覈當事諸

臣功過先生疏辭詔獎致仕遣使敦促上道〇八月先生將
入廣嘗為客坐私囑〇九月壬午發越中是月初八日德洪
與幾載訪張元冲舟中因論為學宗旨〇十月至南昌先生發
舟廣信沿途諸生請見俱謝以兵事未暇徐樾自貴溪追至
餘干先生令登舟樾方自白鹿洞打坐（一作靜）有禪定意先生目而
得之令舉似曰不是已而稍變前語又曰不是已而更端先
生曰近之矣此體豈有方所至云樾領謝而別明日至南浦
父老軍民俱頂香林立塡途塞巷至不能行父老頂輿傳遞
入都司乃就謁東入西出自辰至未而散始舉有司常儀明
日謁文廟講大學於明倫堂諸生屏擁多不得聞〇至吉安

大會士友螺川諸生三百餘人迎入螺川驛中先生立談不倦臨別囑曰工夫只是簡易眞切愈眞切愈簡易愈簡易愈眞切○十一月至肇慶寄書德洪畿○乙未至梧州上謝恩疏○十有二月命暫兼理巡撫兩廣疏辭不允

七年戊子先生五十七歲在梧○二月思田平降者一萬七千人敕遣行人奬勵賞銀五十兩紵絲四襲所司備辦羊酒其餘各給賞有差○四月議遷都臺于田州不果○興思田學校先生以田州新服用夏變夷宜有學校但瘡痍逃竄民未受廛學何繇建而風化之原終不可緩也乃命所屬諸生無拘廩增願改田州府學及各處儒生願附籍入學者提學道

遴委教官董領學事相與講肄游息興起孝弟或倡行鄉約
隨事開引漸爲之兆俟建有學宮然後將各生徒遍發該學
肄業照例充補廩增起貢○五月撫新民○六月興南寧學
校先生謂理學不明人心陷溺是以士習日偸風教不振日
與各學師生朝夕開講已覺漸有奮發之志又恐窮鄉僻邑
不能身至其地委陳逅主教靈山諸縣季本主教敷文書院
○七月襲八寨斷藤峽破之八寨斷藤峽諸賊數萬南通交
趾諸夷西接雲貴諸蠻東北與牛腸仙臺華相風門佛子及
柳慶府江古田諸猺迴旋連絡延袤三千餘里流劫出沒爲
害歲久比因有事思田勢不暇及至是先生以思田既平蘇

受新附乃因湖廣保靖歸師之便令布政使林富副總兵張祐等出其不意分道征之一月之内大破其衆斬獲三千有奇先生見諸賊巢尤既已掃蕩而我兵疾疫遂班師奏捷乃疏請經略思田及八寨斷藤峽○九月疏謝獎勵賞賚思田功也初八日行人馮恩賚捧欽賜至鎮故有謝疏○十月疏請告先生以疾劇上疏請告未報○謁伏波廟先生十五歲時嘗夢謁伏波廟至是拜祠下宛然如夢中因識二詩○是月與豹書○祀增城先廟先生五世祖諱綱者死苗難廟祠增城是月有司復新祠宇先生謁祠奉祀過甘泉先生廬題詩於壁又題其居○十一月丁（一作乙）卯先生卒於南安是月廿

五日踰梅嶺至南安登舟時南安推官門人周積來見先生起坐咳喘不已徐言曰近來進學如何積以政對遂問道體無恙先生曰病勢危亟所未死者元氣耳積退而迎醫診藥廿八日晚泊問何地侍者曰青龍鋪明日先生召積入久之開目視曰吾去矣積泣下問何遺言先生微哂曰此心光明亦復何言頃之瞑目而逝二十九日辰時也按行狀曰廿九日至南康縣將屬纊家童問何所囑公曰他無所念平生學問方纔見得數分未能與吾黨共成之爲可恨耳遂逝○初先生出廣布政使門人王大用備美材隨舟至是贛州兵備門人張思聰親敦匠事迎入南埜驛沐浴衾斂如禮乃復登舟士民哭聲振地比至贛至南昌沿途擁哭者皆如之

八年己丑正月喪發南昌初六日至弋陽德洪王畿與正憲俱
會。○二月庚午喪至越四日子弟門人奠柩中堂遂飾喪紀
婦人哭門內孝子正憲攜弟正億與親族子弟哭門外門人
哭幕外朝夕設奠如儀每日門人來弔者百餘人有自初喪
至卒葬不歸者書院及諸寺院聚會如師存。○十一月葬先
生於洪溪是月十一日發引門人會葬者千餘人麻衣衰履
扶柩而哭四方來觀者莫不交涕洪溪去越城三十里入蘭
亭五里先生所親擇也門人李珙等築治更番晝夜不息者
月餘而墓成
四十五年丙寅刻先生文錄續編成

穆宗隆慶元年丁卯五月詔贈新建侯謚文成

二年戊辰六月先生嗣子正億襲伯爵

神宗萬曆十二年甲申詔以先生從祀于孔子廟

傳習附錄　畢

新刻傳習錄成告王先生文

維

日本正德二年歲次壬辰九月晝日 希賢敢

昭告于大明

新建侯文成王公曰道無古今心無彼我恭

惟

先生得心傳於同然指聖功於良知德業輝

於當世餘訓流於萬邦嗚呼盛哉我

京尹篠山源君景仰
其德篤信
其學政務餘暇使希賛講傳習錄且考定
刻行之希賛固辭不得叨奉嚴命發軔
於去歲八月畢功於今月今日謹考支干
月日悉皆正當
先生誕辰而曆號亦與
先生存日同實

和漢萬世未曾有之一遇矣其偶然與將
有數存焉與則斯道之興似有所俟也謹
以清酌茶菓奠傳習錄新刻本虔告功畢
於我

文成公伏冀

先生之道大明乎天下

至治之澤徧蒙乎生民

日東　平安書生三輪希賢謹告

二條通衣棚

京都書肆

風月莊左衛門